참포도나무이신 예수님

앤드류 머레이 지음 | 류근상 옮김

✝ 크리스챤출판사

This book was first published in the USA
by Moody Publishers with the Title of By ***The True Vine***,
Copyright 2007 by Moody Bible Institute Translated by permission.

이 책은 미국의 Moody 출판사에 의해 2007년에 출판된
The True Vine의 원본을 크리스챤출판사에서 번역한 것이다.

Korean Edition
Copyright ⓒ 2009 by Christian Publishing House
Seoul, Korea

참포도나무이신 예수님

2009년 8월 15일 1판 1쇄 발행

저 자	앤드류 머레이
옮긴이	류근상
발행인	류근상
발행처	크리스챤출판사
주 소	경기도 고양시 덕양구 토당동 364 현대 107-1701호
전 화	031-978-9789, 070-7717-7717
핸드폰	011-9782-9789, 011-9960-9789
팩 스	031-978-9779
등 록	2000년 3월 15일
등록번호	제79호
판 권	ⓒ 크리스챤출판사 2009
정 가	5,000원

ISBN 978-89-89249-62-7

The True Vine

Andrew Murray

포도나무 가지의 고백

"나는 포도나무요 너희는 가지니"(요 15:5)

부르질 듯 가냘픈 포도나무 가지
그러나 만일 나에게 입이 있다면
내어찌 이 신비를 전하지 않으랴

비록 나는 작은 가지에 불과하나
생명의 수액이 내 몸에 흐르기에
나는 나의 생명으로 살지 않는다.

나는 아무런 열매도 맺지 못하나
그에게 붙은 나는 나무의 일부분
그의 풍성한 열매를 함께 나눈다

어떻게 이러한 신비가 가능한가?
어떻게 가지가 나무 안에 거하며
그의 생명으로 살아갈 수 있는가?

그것은 바로 가지를 붙들고 있는
나무의 강력한 생명 끈 때문이다
난 그저 그에게 붙어있을 뿐이다

나에게 새 생명을 부여한 나무는
넘쳐흐르는 생명의 수액을 통해
날마다 나를 떠받치고 지탱한다

나는 결코 미래가 두렵지 않으며
또한 과거에 매여 살지도 않는다
매 순간 생명을 향한 전진뿐이다

따사로운 햇살에 잘 익은 포도가
결코 나의 것이 될 수 없는 것은
뿌리가 없으면 허사기 때문이리라

나는 결코 내 힘으로 살지 않는다
가지는 나무의 생명으로 살아간다
이것이 바로 가지된 자의 고백이다.

따라서 결코 "거하려고" 애쓰거나
"열매를 맺으려고" 수고하지 말고
오직 가지처럼 예수께 붙어있어라

그와의 연합은 단순하고 심오하며 강력할 것이다
그의 생명은 영원히 우리의 생명을 대신할 것이며
그의 사랑은 우리를 통해 풍성히 넘쳐흐를 것이다

그의 열매는 사랑이다
이 사랑은 우리의 생명으로 나타날 것이며
우리의 영은 그의 사랑의 품 안에서 영원한 안식을
누릴 것이다.

Freda Hanbury

목차

1. 포도나무 _ 요 15:1 _ 24
2. 농부 _ 요 15:1 _ 29
3. 가지 _ 요 15:2 _ 33
4. 과실 _ 요 15:2 _ 37
5. 더 많은 과실 _ 요 15:2 _ 42
6. 깨끗게 하심 _ 요 15:2 _ 47
7. 가지치기 칼 _ 요 15:3 _ 51
8. 거함 _ 요 15:4 _ 55
9. 너희도 내 안에 있지 아니하면 _ 요 15:4 _ 60
10. 나는 포도나무요 _ 요 15:5 _ 65
11. 너희는 가지니 _ 요 15:5 _ 71
12. 많은 과실 _ 요 15:5 _ 76
13. 아무것도 할 수 없음 _ 요 15:5 _ 81
14. 말라버린 가지들 _ 요 15:6 _ 86
15. 무엇이든지 원하는 대로 _ 요 15:7 _ 91
16. 너희가 내 안에 거하면 _ 요 15:7 _ 96

17. 영광받으실 아버지 _ 요 15:8 _ 101

18. 참 제자들 _ 요 15:8 _ 106

19. 놀라운 사랑 _ 요 15:9 _ 111

20. 나의 사랑 안에 거하라 _ 요 15:9 _ 116

21. 순종과 거함 _ 요 15:10 _ 121

22. 너희도 나처럼 _ 요 15:10 _ 116

23. 기쁨 _ 요 15:11 _ 131

24. 서로 사랑하라 _ 요 15:12 _ 136

25. 내가 너희를 사랑한 것같이 _ 요 15:12 _ 141

26. 그리스도의 우정: 그 기원 _ 요 15:13 _ 146

27. 그리스도의 우정: 그 증거 _ 요 15:14 _ 151

28. 그리스도의 우정: 그 친밀함 _ 요 15:15 _ 156

29. 선택 _ 요 15:15 _ 160

30. 항상 열매를 맺어라 _ 요 15:15 _ 165

31. 응답받는 기도 _ 요 15:15 _ 169

머리말

젊은 그리스도인이 성공적인 그리스도인의 삶을 살아 나가는 데 도움이 될 평이한 글을 써야겠다는 마음이 들었다. 그것은 마치 그리스도인으로서 살면서 겪게 되는 주된 유혹과 실패가 하나도 없는 것과 같다. 주님과의 친밀함, 충만함, 주 예수의 신실함, 자연스러움, 믿음의 삶이 맺는 열매가 충만히 드러나서 마치 자신 있게 "비유를 마음에 새기자, 그러면 모든 게 잘 될 거야"라고 말할 수 있는 것과 같다.

축복의 주님께서 은혜 내려 주시길, 하나님께서 예배의 영 가운데 우리에게 포도나무의 비밀을 알려 주시길 소망한다.

서문

참포도나무이신 예수님
The True Vine

앤드류 머레이

신앙이란 일상생활에서 말할 수 없을 만큼의 기쁨이 되어야한다. 그렇지 못하다는 불평들은 왜 그리도 많은가? 그리스도와 그의 사랑 안에 사는 기쁨, 그리고 죽어 가는 세상에 그리스도의 사랑을 부을 통로로서 가지가 되는 기쁨을 우리가 믿지 않기 때문이다.

-Andrew Murray, The True Vine, 81

복음주의 환경에서 자라면서 어린 나로서는 이해하기 어려운 기독교적 개념이 있었다. 이를 테면, 예정설 predestination과 그 반대인 자유의지free will였다. 혹은 영원 eternity-끝없이 언제까지? 나는 백화점 탈의실에 있는 3면 거울에 비친 내 모습을 보면서 끝없음forever을 생각해 보았다. 또는 추수할 것은 많으니 주님을 위해 열심히 일하라는 충고를 받은 직후 종종 듣게 되는 그분 안에서 쉬라는 권고는? 이 모두를 어떻게 조화시켜야하지? 나는 의아했다.

이제 어른인 나는 완전히 이해하지는 못하더라도, 하나님의 선택과 자유의지에 익숙하다. 그리고 살 시간-영원의 시간들-이 더 많기에 기쁘다. 그 시간동안 애타게 바라는 것이 여전히 많기 때문이다. 그러나 일하는 것과 쉬는 것, 이 두 가지 모두는 그분을 위해 그리고 그분 안에서 하는 것인가? 비범하고도 충만한 삶을 살았던 머레이는 두 가지 모두를 해낸 듯하다. 자신의 작품 중심을 이루는 은유를 삶으로 구현했기 때문이었다.

19세기가 될 무렵, 당신이 남아프리카를 방문하여 케이프타운과 북부 개척지를 연결하는 큰 길을 따라 여행을 했다면, 웰링턴이라는 한 마을을 통과해 지나갈 것이다. 이 마을은 규모는 작지만, 바위산맥, 청청한 포도밭 계곡,

만발한 꽃과 열매로 풍성한 과수원이 빚어내는 장관에 둘러싸여있다. 또한 만일 당신이 주일에 도착하여 어떤 교회를 가야할지 지나가는 사람에게 물어본다면, 틀림없이 그날 앤드류 머레이가 설교하는 교회로 안내받을 것이다. "예배 후에는 저녁 식사 초대도 있을 겁니다. 부담가지지 마세요," 당신을 교회로 안내해준 친절한 동네 주민은 이렇게 한 마디 덧붙일지도 모른다. "참 따뜻한 사람들이에요."

머레이의 목사관에서 다른 손님들과 저녁식사를 마친 후, 당신은 이 넓은 집 안을 둘러 보다 서재 책상에 올려진 오래된 포도나무 그루터기에 호기심을 가지게 될지 모른다.

"아, 인근 포도밭에서 나온 겁니다," 목사는 당신의 얼굴에 쓰인 질문에 대답해줄 것이다. "대부분의 교구민들이 포도밭을 하는데, 저는 심방할 때 그 사이를 걷는 걸 참 좋아합니다. 이걸 볼 때마다 언제나 참포도나무가 생각납니다. 성도께서는 참포도나무가 누구인지 알고 계신가요?"

앤드류 머레이 자서전을 저술했던 리오나 초이에 따르면, 1897년 여름 포도나무 그루터기 하나가 그의 책상에 떡 하니 올라가 있었다. 그녀는 '머레이 작품집 부록'에서 이 이야기를 삽입하며 다음과 같이 덧붙인다, "매일 기도하고 설교 준비를 할 때마다 이 거칠고 볼품없는 고동색의 형상을 묵상하는 머레이의 모습을 우리는 상상해 볼 수 있다"(P. 261).

원제인 참포도나무, 혹은 참포도나무의 비밀은 머레이가 자신의 회중을 염두에 둔 설교였다. 웰링턴은 포도 풍작으로 부유한 농촌 공동체였다. 농부들 중 대부분이 당시 유명했던 앤드류 머레이가 요한복음 15장 1-16절 비유에 관하여 설교하는 것을 들었다. 이 설교들은 이후 저자에 의해 31개의 짧은 묵상집이 되었다-약 백 페이지에 이르는 소책자로 편집되었다. 머레이는 하루에 하나씩 읽는 한 달 묵상집의 형태로 편집하길 좋아했다.

참포도나무는 1897년 출판되어 지금도 전 세계의 그리스도인 가정과 교회에서 찾아볼 수 있다. 2007년 3월 한 인터넷 사이트는 "2005년 6월 이후 53,761번 클릭한 책"이라고 선전했다. 이 단순하면서도 심오한 메시지는 그것을 무척이나 필요로 하는 문화권에 영감을 주고 또한 많은 관심을 얻고 있다. 특히 그것을 접하는 젊은 그리스도인들 사이의 반응이 뜨겁다. 머레이는 이 책의 머리말에서 쓰기를, "젊은 그리스도인이 성공적인 그리스도인의 삶을 살아 나가는 데 도움이 될 평이한 글을 써야겠다는 마음이 들었다."

그리스도인의 삶은 온전하고 약동할 수 있다는 것이 참포도나무의 핵심 주제이다. 믿는 자인 우리에게는 권능과 사랑, 큰 기쁨, 그리고 궁극적으로, 살아계신 하나님과의 깊은 영적 교제가 가능하다. 머레이는 독자들이 이 '거룩한 비밀'을 이해하도록 하기 위해 열심히 노력하며, 우리에게 보이지 않는 것을 보여주기 위해 보이는 것을 의지한다. 오래 전 그리스도께서 비유로 가르치실 때 그러하셨던 것처럼. 저자의 첫 장은 이렇게 시작한다, "세상 만물은 거룩한 실재의 그림자이다-하나님의 보이지 않는 영광으로 창조된 보이는 형태의 표현이다." 계속해서 그는 모든 포도나무는 그리스도를 상징하는 것으로, 그분을 가르치고 드러낸다고 말하며 우리를 그 비밀로 초대한다, "와서 당신의 눈이 다른 어떤 것 아닌 오직 그분만을 바라볼 때까지 거룩한 포도나무를 응시하라."

설교자이자 선교사, 교회 정치가인 동시에 교육자인 앤드류 머레이가 깊은 영성 생활에 대한 그만의 통찰력을 전달하기 위해 자연에서 나온 이 비유에 끌리게 된 것은 놀라운 일이 아니다. 1828년 5월 9일, 남아프리카 그라프 라이닛에서 선교사 부모에게서 태어난 그는 대자연 속에 둘러싸여 성장했다. 케이프타운 동북쪽으로 약 500마일 떨어진 그라프 라이닛은 삼면이 산으로 되어있고, 마을을 둘러싸는 선데이즈 강 말편자 모양의 만곡부가 그 중심이다.

아버지 앤드류 머레이 경은 스코틀랜드인으로 스코틀랜드 장로교회에서 목회자들을 모집하던 1821년 남아프리카로 이주했다. 네덜란드인들은 오래 전(1652년) 케이프타운 희망봉에 정착한 한편, 영국인들은 약 1795년에 도착하여 곧 케이프를 장악했다. 그들과 함께 런던선교회(LMS) 출신 선교사들도 들어왔다. 젊은 앤드류 경은 어머니에게 헌신적이었고 애정이 깊어 뉴퍼들랜드의 이름난 교구를 목회해달라는 초청도 거절했었다. 그러나 남아프리카의 상황을 듣고는, 어머니의 임종이 다가왔음에도 불구하고 하나님의 분명한 부르심을 따라 머나먼 나라로 지체 없이 떠난 것이었다. 시간이 흘러 그는 네덜란드어로 유창하게 설교할 수 있게 되었다. 삼십대 초반의 그는 미래의 아내 마리아 스테그먼을 한 네덜란드 노회 모임에서 만났다. 그들은 결혼해서 앤드류 머레이 주니어를 포함 열한 명의 아이를 낳았다.

어릴 때부터 머레이는 열의가 넘쳤을 뿐만 아니라 영적으로 민감했다. 그의 부모는 가득한 애정으로 아이들을 양육했으며, 삶은 평안했다. 독일 루터교와 프랑스 위그노교, 네덜란드 칼뱅파의 피가 흐르는 머레이의 젊은 어머니는 자녀들을 무척이나 사랑했다. 초이는 자서전에서 그녀가 "남편과 아이들과 함께 매우 행복했고, 하나님의 사랑 안에서 더할 나위 없이 행복했다"고 기록하고 있다(p. 31). 머레이는 어머니의 성품을 많이 닮은 것으로 전해진다. 아버지는 종종 아이들을 데리고 시골로 가서 자연사와 지리학 등 여러 주제들에 대해서 가르치곤 했다. 머레이 가족은 따뜻한 사람들로서 방문 선교사들을 환대해주었는데, 그중에는 유명한 로버트 모패트와 그의 사위 데이비드 리빙스톤도 있었다.

머레이의 일생은 자연적 요소와 떼려야 뗄 수가 없는데, 첫 임지인 블룸폰테인에서 자연과 가장 가까운 시간을 보냈다. 그 곳에서 그는 날씨나 길의 상태가 어떠하던 관계없이 먼 농가까지 이동하곤 했다. 말을 타거나 소가 끄는 수레를 타고 가면서 억수 같은 비를 맞기도 하고 강을 건너기도 했다. 심지어 들개 떼를 만난 적도 있었다. 머레이가 걸어서 농가에 도착할 때면, 농부는 쉽사리 믿지 못하며 어떻게 여기까지 왔느냐고 물었다. 머레이는 차분히 대답했다. "제가 가야할 길을 가고 있었기에, 하나님께서 저를 보호해주실 것을 기도하며 똑바로 걸어왔습니다. 네, 들개들이 달려들기도 했지만 저를 해하지 못했습니다"(초이, p. 53).

머레이는 농촌에서 사역했기에, 포도나무 비유의 주제인 접붙이기를 일찌감치 배웠을 것임을 상상하기란 어려운 일이 아니다. 그는 그 과정을 책에서 설명한다: 포도나무 줄기에 싹이 난 가지를 접목한다. 접목된 가지에 포도나무 줄기가 자란다. 포도나무에만 흐르던 수액이 이제 접목된 가지에도 흐르게 되어 새로운 싹과 잎이 나고 마침내 열매를 맺는다. 계속해서 저자는 접목된 가지에 대한 포도나무의 완전한 공급을 강조한다. 가지는 아무 것도 할 필요가 없다. 그저 하나의 가지가 되어 순종하고 쉬는 것뿐이다. 가지는 수액을 받아 더욱 더 많은 열매를 맺게 될 것이다. 머레이가 독자들에게 농부인 하나님과 포도나무인 그리스도, 그리고 가지인 믿는 자 사이의 의도된 관계를 보여주면서 경탄한 '거룩한 비밀'은 바로 이것이다. 성공적인 접목은 포도나무와 가지가 하나의 생명으로 결합되게 하여, 완벽한 사랑과 교제 속에서 생명의 수액 혹은 영을 공유하도록 한다.

독자들은 머레이가 이러한 생명 결합 속에서 언제나 휴식을 취할 수 있었던 것만은 아니라는 사실에 위안을 받을지 모르겠다. 그는 자신의 바람만큼 사역에 신실하고 효과적이지 못함을 자주 스스로 책망했다. 그는 연약한 신체와 겨우 열 살 때 스코틀랜드로 가는 첫 바다여행에서 시작된 병으로 평생을 시험받았다. 1838년에 있었던 이 오랜 항해 동안 그는 괴혈병, 배멀미와 영양 불균형으로 고생했으며, 이로 인해 결국 평생 연약하고 떨리는 손을 가지게 되었다. 이후 블룸폰테인에서의 적극적인 사역으로 그의 건강은 더 악화되었다. 1856년 엠마 러더퍼드와의 결혼 후 그의 건강은 아내의 애정 어린 보살핌 아래 호전되었지만 건강한 체력으로 회복되진 못했다. 엠마는 남편의 사역을 훌륭히 내조하는 유능한 파트너였다. 그들은 여덟 명의 자녀를 낳았을 뿐만 아니라 많은 아이들을 데려와 신체적, 영적으로 보살펴주었다.

신체적 약함으로 인한 머레이의 시련은 자신의 교만과 부족한 영적 능력으로 낙담할 때 더욱 주님만을 의지하게 만들어주는 촉매제였다. 그의 작품 대부분은 이러한 깊은 믿음의 체험에 대한 탐색으로 나오게 되었는데, 특히 그리스도 안에 온전히 거함과 쉼을 주제로 한 **참포도나무**가 그러하다. 그리스도는 믿는 자 안에 거하시고 믿는 자는 그리스도 안에 거한다. 머레이는 이 작은 단어 '안에in' 보다 더 깊은 단어는 성경에 없다고 생각했다.

저자의 단순한 문체를 두고 비유를 피상적이거나 소홀히 다루었다는 실수를 범해서는 안 될 것이다. 이러한 접근법은 가진 자 뿐만 아니라 가지지 못한 자에게도 자신의 메시지를 전하고자 하는 그의 평생의 열정에서 나온 것이다. 하나님의 말씀을 모든 사람들이 분명히 깨달을 수 있도록 하겠다는 소망에 불타올랐던 그는 이런 말을 남기기도 했다, "학자는 많지만 교사는 없다"(초이, p. 53).

앞서 보았듯이 머레이는 일생동안 젊은이들에 대한 부담을 가지고 있었으며 그들의 언어 표현에 늘 관심을 가지고 배우려 애썼다. 아내 엠마는 친정에 보내는 편지에서 남편의 설교에 대해서 이렇게 쓴 적도 있었다. "그이의 평일 영어 예배는 주로 젊은 층을 대상으로 해요... 저는 회중을 단순화해서 그이의 생각을 사람들이 이해할 수 있도록 하는 것이 좋겠다고 얘기해 준답니다. 그이는 자제해야 되요. 똑똑하고 지적인 회중이 있으면 우리가 위험에 처하게 될 거라는 생각도 들어요. 그이는 너무 비현실적이거나 지나치게 파격적인... 설교를 하곤 해요. 이제 단순하고도 실제적인 설교를 해야 해요. 그가 좋아하는 새롭고 다양하며 거친 해석과 상징적인 의미들은 떨쳐 버려야 해요"(초이, pp. 78-79).

당연히 머레이는 자신의 원대한 임무를 할 만큼의 탁월한 교육을 받았다. 열 살 때 그는 스코틀랜드 애버딘에서 머레이 가의 소년들과 더불어 삼촌과 함께 살면서 정규교육을 받기 시작했다. 그는 열심히 공부해서 마리샬 칼리지의 장학금을 받고 1845년 봄, 신학과를 졸업했다. 이후 형과 함께 네덜란드로 가서 위트레흐트 대학교에서 신학을 공부했다. 그 와중 열일곱 살 때 앤드류는 자신의 영적 믿음을 심각하게 검토하기 시작했고, 1845년 회심을 체험하게 되었다. 큰 격변은 아니었지만 이 시기가 그의 인생의 전환점이 되었다(초이, p. 44). 1848년 5월 9일, 스무 살 생일에 그와 형 존은 네덜란드 개혁교회의 헤이그 위원회에서 안수를 받았다. 위원회는 전통을 깨고 스물두 살이라는 자격 연령 보다 2년이 모자란 앤드류에게 안수해 주었다.

남아프리카에서 사역을 시작한 이후 앤드류 머레이는 그를 따르는 대형 회중을 이끌었는데 때로는 수천 명에 이르기도 했다. 서른 살도 채 되지 않은 그는 특별한 은사와 집중적인 목적감각을 보였는데, 그가 인도하는 복음전도예배 때마다 회심자들이 나타났다고 전해진다. 아버지와 마찬가지로 그도 부흥을 열망했다. 그러나 1860년 우스터에 있는 머레이의 교회에 부흥이 임했을 때, 그는 교회의 기도회 때 발견한 감정주의를 우려하며 그것을 거부했다. 한 방문자는 미국에서 막 목격한 것과 같은 방식으로 성령께서 역사하고 계시니 주의해야할 것이라고 머레이에게 말해주었다. 머레이는 그의 말을 신뢰했고, 이 시기 동안의 깨달음이 여러 설교와 저서로 나오게 되었다. 이 후 머레이는 자신이 기도해왔던 보다 깊은 신앙의 차원으로 약진하게 되었으며, 그의 영적 여정 속 많은 다른 이정표들이 그랬던 것처럼 사역의 지경은 더 확장되었다.

머레이는 참으로 놀라운 일들을 감당했다. 고학력의 역동적인 연설가이자 저자, 좋은 가장으로서의 역할 뿐만 아니라 그는 동료들의 향상을 위한 교육자 및 공헌자로서 선두에 서 있었다. 종교 및 비종교 교육을 위한 여러 기관들을 세웠고 조국의 학문적 표준을 향상시키는데 중요한 역할을 담당했다. 시대에 앞선 그는 1873년 6월 25일 젊은 여성들의 교육을 위한 위그노 신학교를 설립했다. 이는 매사추세츠 주 마운트 홀리요크의 여성신학교 설립자의 자서전 메리 라이온의 일생과 업적을 읽고 얻은 영감에서 나온 일이었다. 평생 동안 그는 지역과 국가적 대의에 관여했다. 남아프리카 YMCA의 초대 회장이 되었고 남아프리카 네덜란드개혁교회 노회의 총회의장으로 여섯 번이나 당선되어 재판에 앞선 신앙을 옹호했다. 선교정치가로서 그는 개척 사역을 위한 수백 명의 선교지원자를 모았으며 1889년에는 남아프리카선교총회를 창설했다. 사실 남아프리카에 미친 그의 공헌은 헤아릴 수가 없을 정도이며 1978년 그의 출생 150주년을 기념하는 우표가 나오기도 했다. 그는 또한 복음전도자이자 부흥사로서 미국을 포함하여 전 세계를 다녔으며 D. L. 무디, 집시 스미스, 존 R. 모트, F. B. 마이어와 같은 이들과 친구가 되었다.

 이토록 간결한 기독교의 진리를 전하는 설교와 책의 저자이면서도, 앤드류 머레이의 삶은 단순 그 자체였다는 것이 참 아이러니하다. 여기서 그의 모든 업적과 영향력을 말하기엔 지면이 모자랄 것 같다. 분명히 참포도나무는 앤드류 머레이 안에서 자라고 있었다. 그는 그분 안에서 쉬기 위해 평생을 탐구하고 배웠기 때문이다. 그가 맺은 열매는 '풍성'했고 지금까지도 그러하여 현대의 독자인 우리들이 그 심오한 기쁨과 하나님과의 거룩한 교제의 비밀을 찾도록 초청한다. 저자 머레이 자신이 그러했듯 말이다.

로잘리 드 로제트

1
포도나무

"내가 참 포도나무요"(요 15:1)

지상의 모든 것들은 하늘 실체들의 그림자이다. 그것들은 눈에 보이지 않는 하나님의 영광을 독창적이고 가시적인 형태로 표현한 것이다. 생명과 진리는 땅이 아닌 하늘에 속한 것이다. 때문에 이 지상에 사는 우리는 하늘 진리의 모형과 그림자들을 가진 것이다. 예수님께서 "내가 참 포도나무요"라고 말씀하신 것은, 지상의 모든 포도나무가 그 자신의 형상이요 상징이라는 것을 말씀하신 것이다. 그분은 신적 존재이시며 포도나무는 바로 그분의 신성에 대한 독창적인 표현이다. 지상의 모든 포도나무는 그분을 가리키고 그분을 전파하며 그분을 계시하고 있다. 당신이 예수님을 알고자 한다면 이 포도나무들을 연구해 보아야 할 것이다.

탐스런 포도송이로 꽉 찬 포도나무를 상상해보라! 절로 감탄이 나오지 않겠는가! 다른 것들에서 잠시 시선을 옮겨 보라! 하늘의 포도나무이신 그분을 보면 절로 찬양하게 될 것이다. 따가운 햇빛이 내리쬐는 날에 많은 사람들이 그 포도나무 그늘에 앉아 쉬고 있는 장면을 상상해보라. 그리고 당신도 그 그늘 아래로 와서 잠시 앉아보라. 따가운 태양빛을 피해 잠시 쉬어 보라. 많은 사람들이 그 그늘에서 쉬며 포도 열매를 먹는 모습이 기쁘지 않은가. 당신도 와서 참포도나무 열매를 먹어보라. 당신의 영혼이 이렇게 말할 것이다. "그늘은 정말로 시원하며, 포도 열매는 달콤하구나! 포도나무가 이런 커다란 기쁨을 주는구나!"

"내가 참 포도나무요" - 이 말씀은 하늘의 신비를 담고 있다. 지상의 포도나무는 하늘의 포도나무에 관해 많은 것을 가르쳐준다. 재미있는 성경의 비유들은 그리스도께서 뜻하신 바를 잘 이해할 수 있도록 우리를 도와준다. 하지만 그러한 비유들이 실제로 하늘의 포도나무가 무엇인지, 또 그것이 제공하는 시원한 그늘이나 생명의 과실이 무엇인지 우리에게 전부 알려주지는 않는다. 이러한 내용은 예수님 자신 외에는 가르쳐줄 수 없는 감춰진 비밀에 속한 것이기 때문이다.

"내가 참 포도나무요" - 포도나무는 살아계신 예수님이다. 그분은 자기의 모든 소유를 우리를 위해 주는 분이시다. 자기의 모든 소유를 사용하여 우리를 위해 말씀하시고 일하신다. 그 말씀의 능력과 의미는 우리가 생각하고 연구해서 발견할 수 있는 것이 아니다. 생각이나 연구를 통해 그분께 받아야 하는 것이 무엇인지는 알 수 있을 것이다. 우리가 무엇을 소망하고 무엇을 간구해야 하는지는 깨달을 수 있을 것이다. 하지만 생각이나 연구로 포도나무이신 그분 자신에 대해 전부 알 수는 없다. 오직 예수님 자신이 자기를 나타내주셔야 한다. 주님이 친히 우리에게 말씀해주셔야 그분에 대해 알 수 있다. 예수님은 그의 성령을 보내셔서 우리 눈을 열어주시고, 그를 바라보게 하시며, 마음을 열고 그를 영접하게 하신다.

"내가 참 포도나무요" - 그 비밀 속에 감춰진 하늘의 신비와 축복을 알려면 어떻게 해야 할까? 이 거룩한 말씀이 당신의 마음속에 새겨질 때까지 인내로 묵상하라. 끊임없이 주 앞에 엎드려라. 당신과 함께 계시며, 당신 안에 계시는 주님의 거룩한 임재를 느낄 때까지 멈추지 말라. 주님의 거룩한 사랑, 넘치는 사랑이 당신에게 온전한 평안을 줄 것이다. 포도나무이신 그 분이 모든 것을 베풀어 주심을 깨닫게 될 것이다.

"내가 참 포도나무요" - 라고 말씀하시는 분은 하나님이시다. 그 분은 자신의 무한한 능력으로 우리를 찾아오신다. 그 분은 우리와 함께 하시는 인간이시다. 그 분은 십자가에 못박혀 죽으심으로 우리에게 거룩한 생명과 완전한 의를 주셨다. 그 분은 영광을 받으신 분이시다. 그분은 자신의 실제적 임재를 위해 보좌로부터 자기의 영을 주신다. 그분은 말씀하신다. 하지만 그 분의 말씀뿐만 아니라, 그 분 자신에게도 귀를 기울여보라. "내가 참 포도나무다! 포도나무가 가지와 함께 하는 것처럼 내가 너희와 함께 할 것이다!"라고 그분은 날마다 은밀히 속삭이고 계시다.

거룩하신 주 하나님!
하나님께서 심으신 하늘의 포도나무이신 예수님!
제 영혼에 당신을 보여주시기를 간구합니다.
하나님의 아들이신 당신이
참포도나무가 되심을 알게 하여 주옵소서.
생각으로만 아니라 삶에서도 깨닫고
체험할 수 있도록 성령께서 역사하여 주옵소서.
예수님 이름으로 기도합니다. 아멘.

2
농부

"내 아버지는 그 농부라 "(요 15:1)

포도나무에게는 자신을 심고 가꾸며 과실을 거두고 기쁨을 누리는 농부가 있다. "내 아버지는 그 농부라"고 예수님은 말씀하셨다. 예수님은 하나님께서 심으신 포도나무이시다. 그러므로 예수님은 모든 것을 아버지 하나님께 의존하신다. 모든 삶 속에서 예수님은 아버지의 뜻과 영광을 구하셨다. 그는 피조물이 창조주 앞에서 어떻게 해야 하는지를 우리에게 몸소 보여주셨다. 그는 우리의 위치에까지 낮아지셨고, 그의 생명의 영이 우리 것이 되도록 아버지께 구하셨다. "이는 만물이 주에게서 나오고 주로 말미암고 주에게로 돌아감이라"(롬11:36). 그는 참포도나무가 되셨고 우리를 그의 가지로 삼으셨다. 그리스도와 우리 자신에 대하여 이 말씀은 절대적 의존과 완전한 신뢰라는 두 가지 교훈을 가르쳐 준다.

"내 아버지는 그 농부라" - 그리스도는 그가 말씀하신 정신에 따라 사셨다. 예수님은 "아들은 스스로 아무것도 할 수 없느니라"(요 5:19)고 말씀하셨다. 포도나무는 전적으로 농부를 의지한다. 포도나무의 위치를 정하고 심는 것이나, 나무를 보호할 담장을 쌓는 것이나, 잘 자라도록 물을 주는 것이나, 가지치기를 하는 것은 모두 농부가 하는 일이다. 이처럼 그리스도 역시 아버지의 뜻을 이루기 위해 날마다 아버지를 의지해야 함을 아셨다. 아버지가 힘과 지혜의 원천이심을 아셨기 때문이다. "내가 너희에게 이르는 말이 스스로 하는 것이 아니라 아버지께서 내 안에 계셔 그의 일을 하시는 것이라"(요 14:10) 라고 그리스도는 말씀하셨다. 이렇게 전적으로 의지하는 자세는 아버지께서 자신을 절대로 실망시키지 않으실 것이라는 확신에서 비롯된 것이다. 농부가 바로 자신의 아버지였기에, 그 분은 아버지를 확실히 믿었다. 아버지를 믿고 죽음도 피하지 않고 무덤에 내려갈 수 있었다. 그 분은 아버지 하나님이 자신을 일으키실 것을 믿었다. 그리스도 자신과 그가 가진 모든 것은 그에게서가 아닌, 아버지께로부터 온 것임을 믿었다.

"내 아버지는 그 농부라" - 이 말씀은 그리스도에게뿐만 아니라 우리에게도 복된 진리이다. 그리스도는 그의 제자들도 가지임을 가르치신다. 그 분은 그 말씀을 하시기 전에 그들을 먼저 바라보신다. 그 분 안에 거하며 과실을 맺으라고 하시기 전에, 먼저 그들을 바라보신다. 그리고 그들 안에서 일하시는 하늘의 하나님을 바라보도록 우리의 눈을 하늘로 돌리신다.

모든 그리스도인의 사고 근저에는 하나님을 의지하는 사고 방식이 은연중에 깔려 있다. 그것은 하나님이 모든 것을 하실 수 있기 때문에 우리가 할 한 가지 일은, 단지 우리의 무력함을 고백하는 것이라는 사고 방식이다. 그가 우리의 모든 필요를 채워주실 것이란 믿음으로 우리 자신을 그의 손에 맡기면 된다는 생각이다. 그러나 역설적이게도, 그리스도를 가장 신뢰해야하는 그곳에서 정작 그 분을 의지하지 않는 자세가 그리스도인들의 삶에서 자주 나타난다.

그리스도는 우리를 하나님께로 인도하기 위해 오셨다. 그리스도는 우리가 하나님 앞에서 살아야 하는 삶을 완벽하게 사심으로 본이 되셨다. 포도나무이신 그리스도는 농부이신 하나님을 가리키고 있다. 그가 하나님을 신뢰하신 것처럼 우리도 하나님을 신뢰하라는 것이다. 포도나무이신 주님께서도 그랬던 것처럼 우리 자신과 우리가 가지는 모든 것은 위로부터 주어지는 것이다.

하나님은 이사야를 통해 다음과 같이 말씀하셨다. "나 여호와는 포도원지기가 됨이여 때때로 물을 주며 밤낮으로 간수하여 아무든지 상해하지 못하게 하리로다"(사 27:3). 열매나 가지를 생각하기 전에 먼저 믿음을 갖도록 하자. 농부(하나님)와 같이 영광스러운 포도나무(그리스도)를 믿는 믿음으로 충만하자. 우리를 부르신 하나님은 모든 것을 이루시는 분이다. 그 분은 거룩하시고 사랑이 많으시며 전능하신 분이시다. 포도나무를 온전히 가꾸는 것처럼, 농부는 가지도 온전하게 가꿀 것이다. 우리를 가꾸는 농부는 열매를 확실히 보장하는 아버지 하나님이시기 때문이다.

3
가지

"무릇 내게 있어 과실을 맺지 아니하는 가지는
아버지께서 이를 제해 버리시고"(요 15:2)

우리는 이 말씀에서 핵심 단어 하나를 발견할 수 있다. 그것은 **"가지"**라는 단어이다. 포도나무에는 가지가 있어야 한다. 가지가 없으면 포도나무는 아무것도 할 수 없다. 아무 열매도 맺을 수 없다. 때문에 포도나무와 농부에 관해서 잘 알아야 하지만, 가지에 대해 아는 것도 중요하다. 그리스도께서 말씀하신 것을 듣기 전에 먼저 가지가 무엇인지 알아야 한다. 그것이 '그리스도 안'에 있는 우리의 삶에 대해 무엇을 가르쳐 주는가? 가지는 단순한 나뭇조각에 불과하지만, 나무가 열매 맺는 것을 돕는 중요한 목적을 가지고 나무에서 생겨났다. 가지는 나무와 본질적으로 같은 것이며, 그 안에 나무와 똑같은 생명과 정신을 가지고 있다. 이것이 제시하는 교훈이 무엇일까? 함께 생각해보자.

첫째로 **전적인 헌신**entire consecration에 관한 교훈이다. 가지가 존재하는 목적은 단 한 가지, 포도나무가 바라는 열매를 맺기 위해 자신을 전적으로 포기하는 것이다. 그런데 이와 마찬가지로 신자도 가지로 세상에 존재하는 단 한 가지 목적을 가지고 있다. 그것은 하늘의 포도나무이신 주님이 그를 통해 열매를 맺는 것이다. 이것을 아는 사람은 복 있을진저. 그것에 헌신하는 영혼은 복 있을진저. "나는 이 한 가지 일을 위해 구속을 받았습니다. 가지가 오직 열매를 맺기 위해 존재하는 것처럼 나도 또한 그렇습니다. 하늘의 포도나무이신 주님이 열매를 맺기 위해 존재하시는 것처럼 나도 또한 그렇습니다. 나무가 바라는 열매를 맺기 위해 나는 자신을 전부 바쳤습니다."

둘째로 **완전한 일치**perfect conformity에 관한 교훈이다. 포도나무 가지는 모든 면에서 포도나무와 정확하게 일치한다. 성질이 같고, 생명이 같고, 위치가 같고, 작용이 같다. 이 모든 것들에서 양자는 하나이며 분리할 수 없는 것이다. 이와 마찬가지로 신자는 하나님의 성품을 나누어 받았다. 그 안에 있는 그리스도의 영과 그 분의 성품을 소유하고 있다. 그리스도와의 완전한 일치를 위해 자신을 드리도록 부르심을 받았다는 것을 기억하라. 가지는 나무와 매우 흡사하다. 유일한 차이점이 있다면, 한쪽은 크고 강한 반면 다른 한쪽은 작고 약하다는 것이다. 한쪽은 힘의 원천인 반면에 한쪽은 힘을 공급받는 대상이다. 그리스도와 신자의 관계가 그와 같다. 때문에 신자는 그리스도와 완벽하게 닮았고 또 닮아야 한다.

셋째로 **절대적 의존**absolute dependence에 관한 교훈이다. 포도나무는 자신이 아닌 가지를 위해서 생명력과 수액과 힘을 저장해둔다. 가지는 나무가 공급하고 보내주는 것 이외에는 아무것도 갖지 않는다. 신자는 인생 전부를 쉬지 않고 그리스도께 의존하는 존재로 부르심을 받았다. 이 사실은 인생이 받은 최고의 축복이다. 매순간, 밤낮으로 그리스도는 신자의 모든 필요를 채워주신다.

마지막으로 **의심 없는 신뢰**undoubting confidence이다. 가지는 걱정이 없다. 포도나무가 모든 것을 공급해주기 때문이다. 가지는 다만 받기만 하면 된다. 이것이 복된 안식으로 향하는 믿음이다. 영적 성장과 능력의 참된 비결입니다. "내게 능력 주시는 자 안에서 내가 모든 것을 할 수 있느니라"(빌 4:13)고 우리 주님은 사도 바울을 통해 말씀하셨다. 우리가 주님의 가지가 되려 한다면 행복한 삶을 기대하시라! 하나님의 자녀들이여! 이 교훈을 배우라. 당신이 할 일은 한 가지뿐이다. 가지가 되라. 더도 말고, 덜도 말고 다만 가지가 되라. 그리스도가 모든 것을 책임져 주는 나무가 되어주실 것이다. 나무를 가꾸는 농부이신 전능하신 하나님께서 가지 또한 책임져 주실 것이다.

주 예수님, 주님께 기도하오니 가지에 담긴 천국의 비밀을 보여주시옵소서. 포도나무와 연합하는 가지의 비밀을 제게 보여주시옵소서. 모든 풍성한 것을 구하여 얻는 가지의 비밀을 보여주시옵소서. 당신의 모든 풍성함이 가지인 제게 차고 넘치도록 해 주옵소서. 모든 것을 이루시는 당신을 온전히 믿고 의지할 수 있도록 저를 인도하여 주옵소서. 예수님 이름으로 기도합니다. 아멘.

4
과실

"무릇 내게 있어 과실을 맺지 아니하는 가지는
아버지께서 이를 제해 버리시고"(요 15:2)

과실(fruit). 이것은 그 다음으로 중요한 단어이다. 주님은 포도나무, 농부, 가지, 과실에 대해 차례로 말씀하고 계시다. 우리 주님이 과실에 대해 하시려는 말씀이 무엇일까? 그것은 가지가 존재하는 단 한 가지 목적이 바로 과실이라는 것이다. 과실을 맺지 않는 가지는 농부가 곧 제해버린다는 것이다. 포도나무는 농부의 영광이고, 포도나무가지는 포도나무의 영광이다. 과실은 가지의 영광이다. 가지가 과실을 맺지 못하면, 그 가지는 가치도 없고 영광도 없는 것이다. 그것은 유익하기는 커녕 오히려 나무에 손해요, 방해가 될 뿐이다. 그렇기 때문에 농부는 그 가지를 베어버릴 것이다. 가지가 존재하는 단 한 가지 이유가 과실을 맺는 것이다. 포도나무 가지임을 나타내는 유일한 증거가 과실을 맺는 것이다. 농부가 가지치기를 하지 않고, 나무의 생명을 함께 누리도록 가지를 보존해주는 유일한 조건은 바로 과실을 맺는 것이다.

그러면 과실은 어떤 존재의 의미를 가지고 있을까? 과실은 가지가 맺는 것이다. 가지는 자신이 아니라 주인을 위해서 과실을 맺는다. 가지는 과실에 대한 권리가 없다. 과실은 오직 주인이 모으고 거둬들인다. 가지는 삶에 필요한 양분을 나무로부터 공급받아 자라고 튼튼해진다. 생명의 유지를 위해 공급된 양분은, 과실을 맺는 가지의 존재 목적을 이루기 위해 전적으로 쓰여져야 한다. 그런데 많은 그리스도인들이 이 진리를 이해하지 못한다. 때문에 가지로서 사는 그들의 기도와 노고가 많은 경우 실패로 돌아가는 것이다. 그들은 자주 가지로서 살기를 소원한다.

말씀을 읽고 묵상하며 기도한다. 그러나 여전히 그들은 실패한다. 그리고 그 이유에 대해 궁금해 한다. 그런데 이유는 매우 간단하다. 그들이 실패하는 이유는, 자신이 구원받은 단 한 가지 이유가 과실을 맺는 것임을 깨닫지 못하기 때문이다.

그리스도께서 한 목적을 가지고 포도나무가 되신 것 같이, 당신도 죄인 구원이라는 과실을 맺는 한 목적을 위해 가지로 지어졌다. 포도나무와 가지는 동일한 존재의 목적을 가지고 있다. 양자 모두 과실을 맺어야 하는 불변의 법칙 아래에 있다. 그리스도와 신자, 포도나무와 가지는 똑같이 이 한 가지 목적을 위해 세상에 존재하는 것이다. 그것은 하나님의 구원의 사랑을 사람들에게 전해주는 것이다. 다음의 엄숙한 말씀은 이 목적에서 유래하는 것이다. "무릇 내게 있어 과실을 맺지 아니하는 가지는 아버지께서 이를 제해 버리시고".

특별히 경계해야 할 사고 방식이 있다. 많은 그리스도인들이 자신의 구원을 최우선으로 생각하고, 가족을 돌보며 현세에서 부요한 삶을 사는 것을 그 다음으로 생각한다. 죄인 구원이라는 과실을 맺는 일은 그 다음 순서라고 생각한다. 그리스도인들은 이러한 사고 방식을 특별히 경계해야 한다. 물론 많은 경우에 있어 다른 영혼의 구원에 시간과 관심을 쏟을 여유가 없는 것은 사실이다. 하지만 신자가 그리스도의 지체로 지음을 받은 단 한 가지 목적은, 머리이신 그리스도께서 그 신자를 통해 구원 사역을 이루시는 것이다. 하나님께서 당신을 가지로 만드신 단 한 가지 목적은, 당신을 통해 사람들에게 생명이 흘러가는 것이다. 자신의 구원, 자신의 사업과 가족을 돌보는 일은 오히려 이 일보다 후순위에 오는 것이다. 삶의 첫 번째 목표, 매일의 삶에서 최우선의 목적은 바로 이것이다. 우리는 그리스도께서 우리를 통해 이루기 원하시는 뜻을 발견해야 한다.

하나님께서 생각하시는 것처럼 생각하자. 그리스도의 가르침을 이해하고 그에 순응하자. 내가 가지로 존재하는 한 가지 목적, 내가 참된 가지라는 한 가지 증거, 내가 튼튼하게 자라며 포도나무 안에 거할 한 가지 조건은 바로 이것이다. 죽어가는 영혼을 먹여 살릴 수 있는 포도나무의 과실을 맺는 것이다. 한 가지 분명한 사실은, 포도나무이신 그리스도, 농부이신 아버지 하나님과 함께할 때, 풍성한 열매를 맺는 가지가 될 수 있다는 것이다.

하나님 아버지,
아버지께서 열매를 찾으러 오실 것입니다.
간절히 기도하오니 우리 존재의 목적이
바로 그것임을 깨닫게 하여 주옵소서.
그리스도께서 우리와 연합하신 한 가지 목적이
바로 그것임을 깨닫게 하여 주옵소서.
우리 마음에 주님의 가지가 되고자 하는
유일한 소망을 주옵소서.
포도나무이신 주님의 충만한 영을 받아
풍성한 열매를 맺게 하여 주옵소서.
예수님 이름으로 기도합니다. 아멘.

5
더 많은 과실

"무릇 과실을 맺는 가지는 더 과실을 맺게
하려 하여 이를 깨끗하게 하시느니라"(요 15:2)

주님은 사물을 있는 모습 그대로를 보신다. 그 분의 마음은 과실에 대한 생각으로 가득 차 있다. 진실로 과실은 하나님 마음의 중심에 있는 것이다. 그래서 우리 주님은 과실을 맺지 아니하는 가지는 제해버리시겠다는 말씀을 하신 후 한 마디를 더하셨다. "무릇 과실을 맺는 가지는 더 과실을 맺게 하려 하여"라고 하셨다. 하나님은 자신의 은혜를 부요하게 나타내기 위해서, 영적 생명력을 풍성하게 증거하기 위해서 우리가 더 많은 과실을 맺기 원하신다. 하나님과 그리스도의 영광을 나타내는 표시로서, 세상의 필요를 채우는 유일한 방법으로서 하나님은 우리에게 더 많은 과실을 요구하신다. 더 많은 과실을 맺도록 우리에게 섭리하신다.

더 많은 과실more fruit - 이것은 매우 유심히 살펴보아야 할 단어이다. 교회와 개인으로서 우리는 자기 만족과 안일에 빠질 위험을 항상 갖고 있다. "나는 부자라 부요하여 부족한 것이 없다"는 라오디게아 교회의 영적 자만은, 깨어있지 않은 곳에서는 언제든 널리 퍼질 수 있다. "네 곤고한 것과 가련한 것과 가난한 것과 눈먼 것과 벌거벗은 것을 알지 못하노라"는 하나님의 경고는 실상 가장 필요한 곳에서도 외면당하고 있다.

이루어진 일에 있어서, 다른 사람들만큼의 몫은 했다는 자기 만족에 빠지지 말도록 하자. 그리스도의 사역에 있어 우리의 수고에 사람들이 만족하고 있다는 안일한 생각은 하지 않도록 하자. 심지어 사람들이 우리를 모범으로 생각하고 있다는 자만에 빠지지 않도록 주의하자. 다만 그리스도께서 우리를 통해 맺으시려는 과실을 맺는 것이 우리의 유일한 소원이 되도록 하자. 주님과 연합하며 동행하는 것이 우리의 변함없는 소원이 되도록 하자. 나의 만족이 아니라 농부이신 하나님의 만족을 구하는 우리들이 되도록 하자. 더욱 풍성한 열매를 바라시는 그분의 마음을 흡족하게 하기 위해 부지런히 힘쓰도록 하자.

더 많은 과실more fruit - 이 말씀은 하나님의 권위로 우리의 삶을 살피고 시험하는 것이다. 참된 제자는 이 말씀의 거룩한 빛에 기꺼이 자신을 굴복시킬 것이다. 그리고 자신이 맺은 과실의 양과 질에 대해 부족한 것이 무엇인지, 진심으로 하나님께 물을 것이다. 맺은 과실에도 불구하고 겸손히 자신의 부족함을 살필 것이다. 말씀이신 주님이 죄인 구원을 통해 풍성한 과실을 맺으신다. 죄인 구원의 열매를 체험할 수 있는 위대한 특권을 우리에게 주신다. 그리스도의 충만을 체험케 하신다. 사랑이신 하나님 아버지의 뜻을 충만하게 체험하도록 우리를 인도하신다.

더 많은 과실more fruit - 이 말씀은 매우 고무적인 말씀이다. 이 말씀에 귀를 기울여 보자. 더 많은 과실을 맺으라는 이 메시지는 가지에게 주어진 것이다. 하나님은 이것을 폭군 바로나 율법수여자 모세와 같이 아무런 방법도 가르쳐주지 않은 채 요구하시지는 않는다. 그 분은 온유하신 아버지로 자신이 요구하신 것을 직접 주시는 분이시다. 자신이 명령하신 것을 친히 행하시는 분이시다. 우리가 그의 손에 우리를 복종시키기만 한다면, 그 분은 우리를 통해 역사하실 것이다. 가지인 우리에게 오셔서 우리 안에 더 많은 과실을 맺도록 일하실 것이다. 그렇다면 그 분의 요구를 받아들여야 하지 않겠는가? 그분의 제안을 받아들여야 하지 않겠는가? 우리 안에서 일하시는 그 분을 바라보고 의지해야 하지 않겠는가?

"더 많은 과실을 맺게 하려 하여" that it may bring forth more fruit - 포도나무의 주인은 더욱 풍성한 과실을 거두기 위해 모든 수고를 아끼지 않는다. 이처럼 하늘의 농부이신 하나님께서는 우리가 더 많은 과실을 맺을 수 있도록 필요한 모든 것을 채워주신다. 이 사실을 믿도록 하자. 그 분께서 요구하시는 것은, 우리가 그 분을 온전히 의지하는 것이다. 그분의 돌보심과 행하심에 우리 자신을 의뢰하는 것이다. 우리 안에서 온전히 행하시는 그 분을 바라보는 것이다. 하나님은 더 많은 과실을 맺기 원하신다. 그리스도는 우리 안에서 그 일이 이루어지기를 기다리고 계신다. 더 많은 과실을 맺기 위해 하늘에 계신 농부와 포도나무를 기쁨으로 앙모하자.

하늘에 계신 우리 아버지여!
당신은 하늘의 농부이시며
그리스도는 포도나무입니다.
저는 과실을 맺기 위해
하늘의 생명을 받은 가지입니다.
그리스도의 생명을 제게 충만하게 부어주셔서
더 많은 과실을 맺게 하여 주옵소서.
당신의 이름에 영광을 돌리게 하옵소서.
예수님 이름으로 기도합니다. 아멘.

6
깨끗케 하심

"무릇 과실을 맺는 가지는 더 과실을 맺게 하려 하여 이를
깨끗케 하시느니라"(요 15:2)

포도나무에는 주목할 만한 특징이 두 가지 있다. 하나는 포도나무만큼 알콜 성분을 풍부하게 추출할 수 있는 식물이 없다는 것이다. 또 하나는 포도나무만큼 급속도로 말라버리는 식물도 없다는 것이다. 후자는 곧 과실을 더 다 맺는 결과로 이어지기 때문에 포도나무는 적절한 시기에 깨끗하게 가지치기를 해주어야 한다. 포도원지기의 가장 주요한 업무는 가지치기이다. 물론 좋은 땅에 깊게 뿌

리내려서 흙을 파주거나 거름을 주거나 물을 줄 필요가 없는 포도나무도 있다. 하지만 좋은 과실을 맺게 하려면 가지치기를 반드시 해주어야 한다. 어떤 나무는 가끔씩 가지치기를 해주면 된다. 또 어떤 나무는 가지치기를 거의 하지 않아도 온전한 과실을 맺을 수 있다. 중요한 것은 포도나무는 반드시 가지치기를 해주어야 한다는 것이다.

이 비유에서 우리 주님이 말씀하시려는 것은, 이처럼 더 많은 과실을 맺기 위해 하나님 아버지께서도 친히 가지치기를 하신다는 것이다.

가지치기와 깨끗케 하는 것이 무엇인지 잠시 생각해보자. 그것은 성장을 방해하는 잡초나 가시를 제거하는 것이 아니다. 그것은 지난해에 자란 긴 가지를 잘라내는 것이다. 포도나무 자체의 생명력에 의해 자란 나무 안의 어떤 것을 제거하는 것이다. 그것은 자신이 살아있음을 보여주는 생명의 흔적을 제거하는 것이다. 성장이 활발할수록 더욱 많은 가지치기가 필요하다. 진실로 건강한 포도나무일수록 가지치기의 필요성은 커진다. 왜 그럴까? 가지치기를 하지 않으면 지난 해 자란 긴 줄기를 지탱하기 위해 너무나 많은 수액을 소모하기 때문이다. 수액은 오직 올해 맺을 과실을 위해 저장되고 사용되어야 하는데 말이다.

때때로 8피트에서 10피트에 이르는 가지들은 줄기 근처까지 싹둑 잘라버리기도 한다. 포도를 맺기에 알맞은 1-2인치 정도만 빼고 모두 잘라버리기도 한다. 과실을 맺는 데 필요 없는 모든 것을 여지없이 잘라버리고 가능한 한 작은 부분만을 남겨놓았을 때, 넘치도록 풍성한 수확을 기대할 수 있지 않겠는가.

　얼마나 엄숙하고 귀중한 교훈인가? 농부이신 하나님이 깨끗케 하시는 것은 비단 죄만은 아니다. 과실을 맺는 행동에서 비롯된 형식적 종교 행위도 포함된다. 이것은 반드시 제거되고 씻음 받아야 하는 것이다. 우리는 하나님을 위해 일할 때, 하나님이 주신 지혜나 웅변력, 열정 등을 최대한 활용해야 한다. 하지만 그러한 은사들만을 지나치게 신뢰하면 자만에 빠질 위험이 있다. 그래서 하나님은 일을 마친 우리에게 무력감을 주시기도 한다. 인간적인 요소의 위험성을 깨닫도록 하신다. 우리는 아무것도 아니라는 깨달음을 얻도록 인도하시는 것이다. 우리 자신은 아무것도 아니요 우리에게 남겨진 것은 단지 거룩하신 성령의 생명 뿐임을 알게 해주시는 것이다.

　우리 자신의 것은 최소한으로 남겨져야 한다. 그리스도께 대한 온전한 헌신과 모순되는 것이 있다면 무엇이든

제거되어야 한다. 모든 교만을 완전히 제거하면 할수록 성령께서 우리를 온전히 지배하실 것이다. 성령의 사역이 우리의 전 인격에 강력하게 역사할 것이다. 이것이 진정한 마음의 할례이며 그리스도의 할례인 것이다. 이것이 진실로 그리스도와 함께 자신을 십자가에 못 박는 것이고, 예수 죽인 것을 자신의 몸에 짊어지는 것이다.

하나님께서 깨끗케 하신 사람은 얼마나 축복받은 사람인가? 더욱 풍성한 과실을 맺을 확신을 가진 우리는 얼마나 행복한 사람인가?

오! 농부이신 하나님 아버지
우리 안에 있는 자만과 교만의 뿌리를 제하여 주시고
자신의 의를 나타내는 모든 것을 깨끗이 제거해 주시옵소서.
우리를 가장 낮은 곳에 두시고 하나님 앞에서
우리 자신을 자랑하지 않게 하옵소서.
친히 자신의 일을 이루실 주님을 믿습니다.
예수님 이름으로 기도합니다. 아멘.

7

가지치기 칼

"너희는 내가 일러준 말로 이미 깨끗하였으니"(요 15:3)

농부이신 하나님이 갖고 계신 가지치기 칼은 무엇일까? 사람들은 그것을 종종 환난이라고 말한다. 하지만 정말 환난이 그분이 사용하시는 도구일까? 그렇다면 오랜 세월 동안 어려움 없이 살아온 사람들이나, 한평생 하나님의 은혜로 형통한 삶을 산 사람들에게 그것을 어떻게 설명할 수 있을까? 그렇다. 그 칼은 환난이 아닌 하나님의 말씀이다. 좌우에 날선 검보다 더 예리한 하나님의 말씀이다.

그 칼은 혼과 영을 찔러 쪼개며 마음의 생각과 뜻을 감찰하시는 하나님의 말씀이다. 환난은 말씀을 통해 연단으로 이어질 때만 축복이 된다. 그것이 거룩한 환난이 아니요 세상적인 환난일 때는 말씀을 통해 마음을 깨끗케 하지 못한다. 바울에게 있었던 육체의 가시조차도 "이는 내 능력이 약한데서 온전하여짐이라"(고후 12:9)는 그리스도의 말씀이 있기 전에는 축복이 아니었다. 그 말씀을 통해 바울은 자고(교만)의 위험을 보았고, 약한 데서도 기뻐할 수 있었다.

하나님이 사용하시는 가치치기 칼은 다름 아닌 말씀이다. "너희는 내가 일러준 말로 이미 깨끗하였으니"라고 예수님은 말씀하셨다. 예수님의 입에서 나온 말씀이 좌우에 날선 검처럼 예리하여 얼마나 정교하게 사람들을 가르치셨는가? "무릇 내게 오는 자가 자기 부모와 처자와 형제와 자매와 및 자기 목숨까지 미워하지 아니하면 능히 나의 제자가 되지 못하고"(눅 14:26) 라는 말씀을 통해 내면에 숨겨진 교만함을 낱낱이 드러내셨다. 그 분은 말씀을 통해 사랑 없음을 책망하셨다. 모두가 주님을 버릴 것이라고 정확하게 예언하셨다. 산상 설교를 통한 첫 말씀 사역부터 마지막 날 밤 권면의 말씀까지 주님의 말씀은 사람들을 깨끗케 하였고 연단시켰다. 예수님은 모든 교만을 밝히 드러내시고 책망하셨다. 그들은 결국 자신을 비웠고 깨끗케 되었다. 거룩하신 성령의 임재를 위해 준비되었다.

우리 자신의 생각을 버려야 한다. 형식적이고 외식적인 사고를 버려야 한다. 자기 자신을 철저하게 버리고 낮아져야 한다. 끊임없는 성령의 인도하심을 받도록 그 분께 집중해야 한다. 그럴 때 하나님은 성령의 사역을 방해하는 우리 속의 모든 악한 성품들을 깨끗이 제거해주실 것이다. 농부가 우리를 위해 할 수 있는 것이 무엇이며, 포도나무가 우리를 위해 할 수 있는 것이 무엇인지를 아는가? 그것을 아는 사람들은 말씀에 철저하게 자신을 복종시키도록 가르친다. 우리도 날마다 간구하여 자신을 깨끗케 하는 축복을 누리도록 하자. 말씀 묵상을 통해 굳은 마음을 깨뜨리자. 말씀이 닫힌 마음을 여는 망치가 되게 하자. 마음을 녹이고 연단하는 불이 되게 하자. 말씀이 육신의 모든 것을 벗기고 죽이는 칼이 되게 하자. 말씀을 믿을 때, 그 말씀은 소망과 평안의 말씀이 될 것이다. 아버지께서는 그 말씀을 통해 우리를 깨끗케 하실 것이다.

참포도나무의 가지들이여! 말씀을 읽고 들을 때마다 주님이 말씀의 칼을 사용하시도록 간구하고 인내하자. 더욱 풍성한 과실을 맺기 원하시는 그분의 소원에 모든 마음을 기울이자. 농부이신 하나님께서 그 일을 이루실 것을 신뢰하자. 당신을 깨끗케 하시는 말씀과 성령의 사역에 순전한 어린아이와 같이 자신을 복종시키자. 그럴 때 그분의 목적이 당신 속에서 이루어질 것이다.

하나님 아버지!
말씀을 통해 저를 깨끗케 해주시기를 간절히 기도합니다.
제 신앙 속에 있는 모든 육신의 정욕과 교만함을
진리의 빛으로 밝히 드러내 주옵소서.
교만의 모든 뿌리를 잘라내시며, 그리스도의 영과 생명을
온전히 받을 수 있도록 깨끗케 하여 주옵소서.
거룩한 농부이신 하나님 아버지!
나무를 돌보심같이 가지를 돌보시는 당신을 믿습니다.
주님만이 저의 소망입니다.
예수님 이름으로 기도합니다. 아멘.

8

거함

"내 안에 거하라 나도 너희 안에 거하리라"(요 15:4)

가지를 포도나무에 접붙일 때 어떤 작용이 일어나는지 아는가? 가지를 나무에 접붙일 때 두 가지 과정이 연속적으로 일어난다. 첫 번째는 나무에서 일어나는 일인데, 가지의 작은 뿌리와 섬유조직이 줄기에 들어가서 줄기가 가지와 접붙는 것이다. 이러한 과정을 구조적 연합이라고 한다. 가지는 이러한 방식으로 나무에 거하게 되며 나무와 한 몸이 된다. 나무가 죽는다고 할지라도 그것은 다른 줄기와 하나가 되는 것이다. 두 번째 과정은 나무의 수액이 새로운 연합체 속으로 들어가는 것이다. 나무는 접붙은 가지를 통로로 삼아 어린 싹과 잎과 과실에 수액을 전달한다. 여기에 역동적인 연합의 비밀이 있다. 가지는 줄기 안에 거하고, 줄기는 수액을 함유한 채 가지 안에 거하는 것입니다.

"내 안에 거하라 나도 너희 안에 거하리라"는 말씀은, 주님과 우리의 관계가 이와 유사함에 따라 우리가 할 일을 비유로 교훈하신 것이다. "내 안에 거하라"는 말씀은 우리가 해야 할 일이 무엇인지 말씀하신 것이다. 우리는 믿고 순종해야 한다. 다른 모든 것으로부터 자신을 구별하여 주님을 붙잡고 그 분께 매달려야 한다. 주 안에 거해야 한다. 우리에게 주시는 은혜로 그렇게 할 때, "나도 너희 안에 거하리라"는 말씀을 체험할 수 있는 마음을 갖게 된다. 그 말씀을 체험할 수 있는 성품이 형성된다. 하나님은 우리 안에 계신 성령의 능력으로 우리를 강하게 하신다. 말씀을 믿을 때 그리스도는 우리 안에 거하신다.

많은 신자들이 그리스도의 임재와 성령의 충만함을 위해 날마다 간구하지만, 응답받지 못한다. 그것을 체험하지 못한다. 왜 그럴까? 이유는 다음과 같다. "내 안에 거하라"는 말씀을 지키지 않기 때문에 "나도 너희 안에 거하리라"는 말씀이 이루어지지 않는 것이다. "몸이 하나이요 성령이 하나이니"(엡 4:4)라고 주님은 말씀하셨다. 성령 충만한 사람이 되려면 먼저 자신의 몸이 준비되어 있어야 한다. 과실을 맺기 위해서는 가지가 줄기 속으로 자라 그 안에 거하고, 그것을 통해 수액이 흘러가야 하는 것이다. 겸손한 마음으로 그리스도를 따르기 위해서는 내? 외면적으로 자기를 부인하고, 세상적인 것을 버리며, 자기 몸을 쳐서 그 분께 복종시켜야 한다. "나도 너희 안에 거하리라"는 주님의 말씀을 받아 누리려면 그분 안에 거하기를 힘써 구해야 한다. "내 안에 거하라"는 주님의 말씀을 행하는 것이 "나도 너희 안에 거하리라"는 말씀의 체험을 위해 우리 자신을 준비하는 것이다.

심오한 뜻을 가진 "**안에**"in 라는 단어는 두 부분을 하나로 연결시켜 주고 있다. 성경에서 이보다 더 심오한 뜻을 가진 단어는 없다. 하나님은 만유 안에 계시다. 하나님은 그리스도 안에 계시며, 그리스도는 하나님 안에 계신다. 우리는 그리스도 안에 있으며, 그리스도는 우리 안에 계신다. 그렇게 해서 우리의 생명은 그 분의 것이 되었고, 그 분의 생명은 우리에게 주어졌다. 보이지 않는 영적인 관점에서 우리는 그 안에 있고 그분은 우리 안에 계신다. "내 안에 거하라 그리하면 나도 너희 안에 거하리라"는 말씀은 우리가 이러한 신비를 믿을 수 있도록 인도해주는 것이다. 농부이신 우리 하나님과 포도나무이신 그리스도를 의지하게 하며, 그러한 사실이 거룩한 진리임을 밝혀주는 말씀이다. 어떤 생각이나 가르침이나 기도만으로는 그 진리를 붙잡을 수 없다. 그것은 사랑이라는 거룩한 "비밀"이기 때문이다. 연합의 체험을 조금이라도 해보아야 우리는 그것을 이해할 수 있다. 우리를 사랑하시고 붙잡아 주시며 우리 안에서 일하시는 주님을 바라보자. 거룩하시고 무한하시며 전능하신 포도나무이신, 우리 주님을 바라보자. 그분의 역사를 믿도록 하자. 그리고 그 분 안에서 안식하자. 마음을 돌이켜 오직 그분만을 간절히 소망하자. "내 안에 거하라 나도 너희 안에 거하리라"는 신비의 말씀이 우리 속에서 역사하도록 그 분을 의지하자.

복되신 주님
주님 안에 거하라고 제게 명령하여 주옵소서.
저를 영접하고 보호하기 위해 기다리시는
주님의 마음을 알게 하여 주옵소서.
주님이 나타내지 않으시면 제가 어찌 알 수 있겠습니까?
바라옵나니 포도나무이신 주님이
모든 것을 하심을 제게 보여 주옵소서.
주님께 붙들리는 것이 주님 안에 거하는 것임을 믿습니다.
주님, 제가 여기 있사오니 가지인 저를
깨끗케 하시고 주님 안에 거하며 안식하게 하여 주옵소서.
주님의 은혜와 생명을 제게 부어주시옵소서.
예수님 이름으로 기도합니다. 아멘.

9

너희도 내 안에 있지 아니하면

"가지가 포도나무에 붙어 있지 아니하면 절로 과실을
맺을 수 없음같이 너희도 내 안에 있지 아니하면
그러하리라" (요 15:4)

우리는 "있지 아니하면"이라는 말의 의미를 잘 알고 있다. 그 말은 필수 불가결한 조건과 당연한 법칙을 표현할 때 사용하는 말이다. "가지가 포도나무에 붙어 있지 아니하면 절로 과실을 맺을 수 없음같이 너희도 내 안에 있지 아니하면 그러하리라". 포도나무 가지가 과실을 맺는 방법은 이 한 가지 뿐이다. 다른 방법은 없다. 가지는 포도나무와 끊임없이 연합하며 그 안에 거해야 한다.

가지는 스스로 과실을 맺을 수 없다. 나무가 존재해야 과실을 맺을 수 있다. "내 안에 거하라"고 그리스도께서는 이미 말씀하셨다. 자연을 통해서 가지는 그 교훈을 분명히 가르쳐주고 있다. 하늘의 포도나무이신 주님 안에 거하도록 선택받았다는 것은 얼마나 놀라운 특권인가? 어떤 사람은 이 권면의 말씀이 필요 없다고 생각할지도 모른다. 하지만 그렇지 않다. 그리스도께서는 "내 안에 거하라"는 말씀 속에 내포된 자기 부인의 의미를 잘 알고 계신다. 우리 자신의 수고로 과실을 맺고자 하는 경향이 우리 속에서 얼마나 자주 또 강하게 일어나는가? 그러한 성향 때문에 그분 안에 쉬지 않고 거하는 것은 매우 어려운 일이다. 그것이 필요함을 믿고 실천하는 것은 매우 어려운 일이다. 그 분은 다음과 같은 진리를 역설하신다. 가지 스스로는 과실을 맺을 수 없다는 사실이다. 가지가 나무에 거하지 않으면 어떤 과실도 맺을 수 없다는 사실이다. "너희도 내 안에 있지 아니하면 그러하리라"고 그 분은 말씀하셨다.

그런데 이 말씀을 문자 그대로 이해해야 하는가? 가지가 나무에 절대적으로, 끊임없이, 확실히 의존하는 것처럼 우리도 우리 자신을 온전히 포기해야 하는가? 물론 그래야만 할 것이다. "내 안에 있지 아니하면..."이라는 말은 "가지가 포도나무에 붙어 있지 아니하면..."이라는 말과 같이 모두에게 해당되는 말인 것이다. "그러하리라"는 말에 변경이나 예외는 허용되지 않는다. 내가 만약 과실을 맺는 참가지가 되려 한다면, 또 포도나무이신 그리스도께서 원하시는 사람이 되려 한다면 나의 전 존재가 그분 안에 거하도록 전폭적으로 헌신해야 할 것이다. 가지가 포도나무에 그렇게 거하는 것처럼 말이다.

다음과 같은 교훈을 배우도록 하자. 거한다는 것은 의지를 사용하고 모든 마음을 움직여서 하는 것이다. 마음을 다하는 것에도 정도가 있고, 하나님을 찾고 섬기는 일에 있어서도 정도가 있다. 이처럼 거하는 일에도 정도가 있다. 중생을 체험할 때 하늘의 생명이 우리에게 주어지지만, 그것이 단번에 우리 인격의 전존재를 지배하고 채우는 것은 아니다. 이것은 명령과 복종에 대한 정도의 문제로 일생에 걸친 문제이다.

주 안에 거하는 일에 마음을 다하지 않을 수도 있다. 진실한 마음으로 주 안에 거하지 않을 수도 있다. 그리스도의 생명 안에 있기 위해 마음을 다하지 않으면서도, 하나님을 위해 일하고 과실을 맺을 수 있다. 이것은 보이지 않는 위험이다. 주님과 친밀한 교제가 부족하기 때문에 많은 일을 하고도 적은 과실을 맺을 염려도 있다. 우리는 "절로 맺을 수 없음…"과 "나를 떠나서는…"의 말씀을 깨달아야 한다. 이 말씀을 깨닫고 우리 안에 있는 모든 자기 뜻과 교만을 깨끗이 제해야 한다. 이 말씀은 우리를 악한 죄으로부터 건져줄 것이며, 주님의 교훈에 합한 자로 우리를 준비시켜줄 것이다. "내 안에 거하라 나도 너희 안에 거하리라"는 말씀의 의미가 무엇인지 충분히 깨닫게 해줄 것이다.

복되신 주님은 다행스럽게도 우리를 우리 자신과 우리 힘에 맡겨두지 않으신다. 그분과 그분의 능력으로 인도하기를 원하신다. 주님의 경고를 듣고 마음을 돌이키라. 자신을 믿지 말고 그 분을 경외하는 마음으로 주님의 일을 감당하라. 우리 생명은 "하나님 안에 계신 그리스도께 감추어져" 있다! 그 생명은 그리스도인들 중에도 지혜 있는 자에게는 감추어진 천국의 비밀이다. 어린 아이들에게만

드러난 비밀이다. 어린아이와 같은 영혼은 "절로 맺을 수 없음…", "나를 떠나서는…"의 가르침을 깨닫고 순종한다. 생명이 날마다, 매 순간마다 하늘로부터 주어진다는 것을 알고 필요한 모든 것을 포도나무이신 주님께 구하라. 포도나무 안에 거한다는 것은 모든 것을 소유하신 그리스도께서 모든 일을 행하시도록 자신을 복종시키는 것이다. 그 이상도 이하도 아니다. 마치 가지가 포도나무만을 알고 나무 외에는 아무것도 찾지 않는 것처럼 말이다.

주님! "내 안에 거하라"는 주님의 명령을 듣습니다.
그 명령에 복종할 수 있는 능력도 주심을 믿습니다.
"일어나 걸어라"는 주님의 말씀에
절름발이가 뛰었습니다.
그와같이 "내 안에 거하라"는 주님의 말씀이
제게 이뤄질 것을 믿습니다.
주님, 저는 주님 안에 거할 것입니다. 도와 주세요.
예수님 이름으로 기도합니다. 아멘.

10

나는 포도나무요

"나는 포도나무요 너희는 가지니"(요 15:5)

앞 절에서 예수님은 "내 안에 거하라"(요 15:4)고 말씀하셨다. 하늘과 땅에서 모든 가지의 삶에 적용되는 불변의 대명제를 가르쳐 주셨다. 그것은 가지가 "내(주) 안에 있지 아니하면 절로 과실을 맺을 수 없다"는 것이다. 이 비유의 앞 부분에서도 주님은 "나는 포도나무요"라고 말씀하셨다. 주님은 이 말씀을 반복하고 계신 것이다. 그 분은 "내 안에 거하라"는 말씀에 순종하는 유일한 방법이 우리의 마음과 눈을 그분께 고정시키는 것임을 우리에게 알려 주셨다. 거하는 삶의 핵심은 단지 그분의 교훈에만 주목하는 것이다. "내 안에 거하라... 나는 포도나무요"(요 15:4-5). 그렇다. 그리스도께서 과실을 맺고, 튼튼하게 하며, 모든 가지에 양분을 공급하는 참포도나무이심을 깨달을 때까지 이 거룩한 비밀을 묵상하라. 가지의 모든 필요를 채워주시는 참포도나무이심을 묵상하라. 그럴 때 자연스럽게 주 안에 거하게 될 것이다. 천국의 비밀이 얼마나 신비한 것인지 깨달을 때까지 참포도나무이신 그 분을 바라보라. 아버지께서 성령을 통해 그 비밀을 알려주시도록 기도하라. 깨닫지 않고는 결코 포기하지 않겠다는 마음으로 그 분을 바라보라.

하나님께서 참포도나무의 영광을 보여주는 사람은 그 분 안에 거하지 않을 수 없다. 예수님께서 누구신지를 바라보는 사람, 매 순간마다 그의 뜻을 행하기를 힘쓰는 사람은 그 분 안에 거하지 않을 수가 없다. 그리스도를 상상하는 것은 이루 말할 수 없을 정도로 매력적인 일이다. 그것은 마치 자석과 같이 우리를 끌어당기는 힘이 있다.

"나는 참포도나무요"라고 지금도 말씀하시는 살아계신 그분께 귀를 기울이라. 살아계신 그리스도께서는 그 말씀의 참 뜻과 능력을 보여주기 원하신다.

거하는 것의 의미를 깨닫기 위해 얼마나 많은 노력을 기울였는가. 그런데도 그 많은 노력이 얼마나 많이 수포로 돌아갔는가. 왜 그럴까? 그 이유는 "거하는 것"이 전적으로 우리의 영역인 것처럼 착각했기 때문이다. "거하는 것"은 우리를 친히 붙들어주시고 돌보시는 살아계신 그리스도께서 하시는 일이다. 우리는 "거하는 것"을 주님의 도움 없이 우리가 끊임없이 힘써야 할 일로 착각한다. 우리는 "거하는 것"이 모든 수고로부터 쉬는 것임을 잊고 있다. 주님의 말씀에 주목하라. "내 안에 거하라. 나는 가지를 튼튼히 하고 붙들어주며 자라게 하는 포도나무다. 과실을 맺는 포도나무다. 내 안에 거하라. 내 안에서 쉬라. 내가 내 일을 친히 할 것이다. 나는 참 포도나무요, 내가 말하는 것과 행하는 모든 것, 내 모든 존재는 말씀대로 이루어지는 진리니라. 나는 포도나무라. 네 모든 삶을 내게 복종시키고 순종하라. 그리하면 너희 안에서 모든 것을 이루리라."

거한다는 생각에 특별히 사로잡혀 본 적이 없는 영혼들도 항상 주님 안에 거하는 경우가 있다. 그것은 그들이 그리스도께 사로잡혔기 때문이다. 거한다는 말은 불필요한 말이 아니다. 그 단어는 성도의 삶의 중요한 열쇠이기 때문에 그리스도께서는 그 말씀을 자주 하셨다. 예수님은 그 말씀의 참뜻을 깨닫게 하신다. "너희가 신뢰하고 의지하는 다른 모든 것들을 떠나라. 자기 이성과 노력에서 벗어나라. 나의 행함 가운데 와서 쉬라. 자신을 의지하는 삶에서 벗어나 내 안에 거하라. 너희가 내 안에 있을 때 더 이상 아무것도 필요하지 않다는 사실을 깨달아라. 내 안에 거하라"

나는 포도나무요I am the vine - 그리스도께서는 이 비밀을 제자들에게 숨기지 않으셨다. 그 분은 그것을 나타내셨다. 먼저는 말씀으로, 후에는 성령이 강림하셨을 때 능력으로 나타내셨다. 그 분은 또한 우리에게도 나타내실 것이다. 먼저는 그 말씀을 깨닫게 해주실 것이다. 그리고 소망을 갖게 해주실 것이다. 입술로 고백하게 하실 것이다. 후에는 성령의 능력으로 나타내실 것이다. 이 천국 비밀의 뜻을 우리에게 나타내 주실 때까지 인내로 기다리자. 그 분과 그 분의 말씀을 매일같이 묵상하자. 그래서 우리의 생각과 목표를 그 분께 고정시키도록 하자. 우리의 마음을 그 분께 고정시키자. 나무가 가지를 위해 하는 모든 일을 나의 주님이신 예수님도 나를 위해 하실 것이다. 그 분께 시간을 드리자. 그 분의 속삭임에 귀를 기울이자. 그 분께서 "나는 포도나무요"라는 거룩한 비밀을 설명해주실 것이다.

무엇보다 먼저 그리스도는 하나님께서 심으신 포도나무요, 당신은 하나님께서 접붙이신 가지라는 사실을 잊지 말라. 항상 그리스도 안에서 하나님 앞에 서 있으라. 그리스도 안에서 하나님의 은혜를 기다리면서 농부가 요구하는 더 많은 과실을 맺기 위해 자신을 복종시키라. 우리 안에서 행하시는 그리스도께서 하나님의 사랑과 능력을 나타내시도록 더욱 기도에 힘쓰라. "나는 하나님의 포도나무다. 나의 전 존재와 소유는 그 분에게서 온 것이다. 내 모든 존재는 또한 너희들을 위한 것이다. 하나님이 나를 통해 너희 안에서 행하실 것이다."

복되신 주님,
"나는 포도나무요"라고 말씀하여 주옵소서.
그러면 당신의 모든 충만이
저를 위한 것임을 깨달을 것입니다.
당신의 모든 충만이 제게 임하기를 간절히 바랍니다.
주 안에 거할 때 정말로 평안하고 안전합니다.
포도나무가 가지를 지탱하고
모든 필요를 채워준다는 믿음으로
자신을 포기할 때 그 믿음이 역사하기 때문입니다.
이러한 믿음을 가질 수 있도록 제게 임재하여 주옵소서.
예수님 이름으로 기도합니다. 아멘.

11

너희는 가지니

"나는 포도나무요 너희는 가지니"(요 15:5)

이미 가지에 대하여 많은 것을 말씀하셨다. 그분은 여기서 개인적인 적용에 대하여 말씀하신다. "너희는 내가 말하고 있는 그 가지들이다. 나는 가지들이 필요로 하는 모든 것을 공급해 주는 포도나무이다. 내가 너희에게 약속했던 성령을 시여 함에 있어서, 내가 너희에게 준 그 장소를 받아들이고, 그 땅에서 나의 가지들이 되어 줄 것을 내가 너희들에게 요구하노라." 그분이 확립하고자 하는 관계는 전적으로 개인적인 것이다. 그 관계는 나와 너라는 두 짤막한 낱말을 중심 축으로 하고 있다. 주님은 제자들에게 개인적이었던 것처럼 우리에게도 철저하게 개인적이다. 그분이 우리 각자에게 능력으로 말씀하시고, 그분의 말씀이 우리의 전영혼에 통절히 느껴질 때까지 우리 주님 앞에서 우리 자신을 드리자. "나는 포도나무요 너희는 가지니." 예수님의 제자된 자들이여, 아무리 어리고 약할지라도 "너희는 가지니"라는 주님의 목소리에 청종해 보라. 당신은 결코 무가치한 존재가 아니다. 아무리 거짓된 겸손(인성)을 지녔고, 희생에 대한 육체적인 두려움이 있고, 믿으려 하지 않는 의심이 많다 하더라도 당신은 다음과 같이 말할 수 있어야 한다. "나는 가지가 될 것이다. 그 가지는 매우 약한 가지가 될지도 모른다. 그럼에도 불구하고 그 가지는 포도나무와 같아질 것이다. 왜냐하면 나는 포도나무와 같은 성질(체질)을 갖고 있고 포도나무와 같은 수액을 받기 때문이다. 그 가지는 스스로 어떻게 할 수 없고, 하나님과 사람들 앞에 분명히 분리되어 있고, 과실 맺는 일을 완전히 포기해 버린 가지일지라도 나는 포도나무와 동일한 것이다. 나 자신 자체를 볼 때는 하찮은 존재인 가지이지만 그럼에도 불구하고 그분께서 모든 것을 공급해 주실 것을 알고 있는 믿음으로 인해 휴식하고 기뻐하는 것이다. 그렇다. 그분의 은혜로 나는 가지는 될 것이다. 그것은 그분께서 의도하신 것이다. 그분은 나를 통하여 그분의 과실을 맺게 하신다."

너희는 가지니 Ye are the branches - 당신은 이 이상의 것이 될 필요가 없다. 당신은 하루 중 어느 한 순간도 포도나무의 책임을 당신이 지려고 할 필요가 없다. 당신은 전적인 의존과 무한한 신뢰를 저버릴 필요가 없다. 당신은 그 비밀을 어떻게 이해하며 그 조건들을 어떻게 성취하며 그 축복된 목적을 어떻게 달성할 것인가에 대해 전혀 걱정할 필요가 없다. 포도나무가 모든 것을 줄 것이며 모든 것을 행할 것이다.

농부이신 하나님께서 당신들이 포도나무에 잘 접붙어 있는지, 잘 자라고 있는지 지켜보고 계신다. 당신은 가지 이상의 것이 될 필요가 없다. 단지 가지로 살면 족하다. 이 말을 당신의 슬로건으로 삼으라. 이 말은 당신을 그리스도의 사역을 위해 헌신하는 길로 인도할 것이다. 그 분의 모든 명령에 대한 진정한 순종으로 이끌 것이다. 그 분의 모든 은혜를 기쁨으로 바라고 구하게 될 것이다.

이렇게 질문하는 사람이 있는가? "단지 가지면 족하다는 말이 무슨 뜻입니까? 어떻게 사는 것이 단지 가지로 사는 것입니까?" 사랑하는 자여, 가지의 성품과 능력, 가지가 맺는 과실은 전적으로 나무에 달려있다. 가지로 사는 당신의 삶은 전적으로 예수님이 누구신지를 아는 것에 달려 있다. 따라서 결코 두 구절 "나는 포도나무요 - 너희는 가지니"를 떼어 놓고 생각해서는 안된다. 당신의 생명과 건강, 당신이 맺을 과실은 포도나무이신 예수님이 무엇을 어떻게 하시느냐에 달려있다. 그 분을 믿고 경배하라. 그 분을 당신의 유일한 소망으로 삼으라. 당신의 마음 전부를 그 분께 내어드리라. 그 분을 바르게 알지 못하거나, 알 수 없다고 느낄 때, 그것은 포도나무이신 그 분의 책임 영역임을 기억하고 다만 기도하라. 자신을 알려주시는 것은 그 분께서 하시는 일이다. 그 분은 생각과 관념만으로 이것을 하지 않으신다. 겸손히 자신을 포기하는 사람의 삶에서 은밀히 행하신다. 나무는 가지를 통해 자신을 나타낸다. 가지를 통해 열매가 나타난다. 그리스도께서는 가지 속에 거하시며 일하신다. 단지 가지가 되어서 그 분이 모든 것을 이루시기를 기대하라. 그 분은 당신에게 참포도나무가 되어 주실 것이다. 거룩한 농부이신 아버지 하나님은 당신을 천국 포도나무에 합당한 가지가 되게 해주실 것이다. 당신은 결코 실망하지 않을 것이다.

오 주님!
"너희는 가지니"라는 말씀을
제 영혼에 능력으로 선포하여 주옵소서.
이 땅에 사는 가지로
제가 수치를 당하지 않게 하여 주옵소서.
가지는 오직 과실을 맺기 위해 존재합니다.
그처럼 나의 삶의 유일한 소망이요.
목표가 주님께서 나를 통해
더 많은 과실을 맺는 것이 되게 하여 주옵소서.
예수님 이름으로 기도합니다. 아멘.

12
많은 과실

"저가 내 안에, 내가 저 안에 있으면 이 사람은
과실을 많이 맺나니"(요 15:5)

우리 주님은 과실에 대해서, 특별히 더 많은 과실에 대해서 말씀하셨다. 주님은 이제 한 가지 말씀을 더 하고 계신다. 그것은 바로 **"많은 과실"**more fruit이다. 그처럼 풍성한 포도나무를 거룩한 농부가 확실하게 돌보고 계시기 때문에 그것은 특별한 요구사항이 아니다. 그것은 가지가 그리스도 안에, 그리스도께서 가지 안에 거할 때 자연히 이루어지는 당연한 약속인 것이다. "이 사람은 과실을 많이 맺나니" 이것은 확실한 약속이다.

그리스도인의 삶에서 일과 열매의 차이를 생각해본 적이 있는가? 기계도 일은 할 수 있다. 그러나 생명만이 과실을 맺을 수 있다. 법은 일을 강요할 수 있다. 그러나 사랑만이 자발적으로 과실을 맺을 수 있다. 일은 노력과 수고를 산물이다. 그러나 본질적으로 과실은 고요하고 평안하고 자연스러운 내면의 산물이다.

정원사는 사과나무를 기르기 위해 땅을 파고 거름을 준다. 물을 주고 가지치기를 하는 등 수고할 수 있다. 하지만 사과를 맺는 일은 하지 못한다. 과실은 나무가 맺는 것이다. 그리스도인의 삶도 마찬가지이다. "성령의 열매는 사랑과 희락과 화평이라"(갈 5:22)고 했다. 튼튼한 생명이 많은 과실을 맺을 수 있다. 일과 과실의 관계를 가장 잘 나타내주는 말씀은 아마도 "모든 선한 일에 열매를 맺게 하시며"(골 1:10) 라는 표현일 것이다. 하나님은 내 주하시는 성령의 열매로 나타나는 선한 일만을 받으신다. 법이나 양심의 강요로 선한 일을 할 수 있다. 그 사람이 가진 기질이나 열정때문에 선한 일에 부지런할 수도 있다. 하지만 그들은 신령한 결과를 얻을 수 없을 것이다. 이유는 하나이다. 그 일들은 성령의 열매 즉, 우리 안에서 일하시는 성령의 역사로 인한 영적 산물이 아니기 때문이다. 단지 사람의 수고로 맺은 것들이기 때문이다.

모든 주님의 일꾼들은 거룩하신 포도나무에게 와서 청종해야 한다. 그 분은 확실하고 풍성하게 과실 맺는 법을 가르쳐주시기 때문이다. 주님은 "저가 내 안에, 내가 저 안에 있으면 이 사람은 과실을 많이 맺나니"라고 말씀하셨다. 정원사는 나무가 건강하고 튼튼한 생명력을 갖도록 하는 일에 힘쓴다. 그럴 때 과실은 저절로 따라오는 것이다. 여러분이 과실을 맺고자 한다면 먼저 자신의 내적인 삶이 온전한지 살펴보라. 예수 그리스도와 정결하고도 밀접한 관계를 맺고 있는지 잘 살펴보라. 아침마다 그 분과 함께 하루를 시작하고 있는가. 당신이 그 분 안에, 그 분이 당신 안에 거하는 이 신비를 깨닫기 위해 묵상하라. 그리스도께서는 그 외에 다른 방법이 없다고 말씀하신다. 당신의 의지나 노력만으로는 불가능하다는 것이다. 당신의 힘과 능력만으로는 불가능하다는 것이다. "나의 영으로 말미암은 것이라"(스가랴 4:6)고 주님은 말씀하셨다. "내 안에 거하는 자는 과실을 많이 맺으리니"라는 주님의 음성에 귀와 마음을 연 후, 주어진 모든 일에 착수하라. 거하는 것에 대해 늘 생각하라. 과실을 맺을 수 있을 것이다. 왜냐하면 그 분은 당신 안에서 과실을 맺기 원하시기 때문이다. 당신을 통해 과실을 맺으시기 때문이다.

오 형제 자매들이여! 그리스도께서 모든 일을 하시도록 해야 한다. 포도나무가 양분을 공급하고, 포도나무가 생명을 주며, 포도나무가 힘과 능력을 전달해야 하는 것이다. 가지는 안식하며 나무에게서 받을 때 열매를 맺는 것이다. 오! 성령의 역사로 하나님의 생명을 흘려 보내는 가지가 되는 것은 얼마나 큰 축복인가!

시간을 내어 성령 하나님께 간구하기를 바란다. 하나님의 마음 속에서 당신이 차지하고 있는 자리가 말할 수 없이 엄숙한 자리임을 깨닫게 해달라고 간절히 기도하기 바란다. 하나님은 많은 과실을 맺을 수 있는 능력으로 당신을 부르셨다. 그의 아들 안에 당신을 심으셨다. 그 안에 거하라. 언제나 하나님과 그 아들 그리스도를 바라보라. 당신을 풍성한 열매 맺는 가지로 삼기 원하시는 하나님의 계획을 즐거운 마음으로 기대하라.

복되신 주 예수님!
제가 많은 과실을 맺도록 해 주옵소서.
구주 예수님이 포도나무이시기 때문에
그것이 가능함을 믿습니다.
제가 예수님 안에 거할 때 그것은 이루어질 것입니다.
아버지께서 가지를 깨끗케 하는 농부이시기 때문에
확실히 이루어질 것입니다.
그렇습니다. 많은 가지!
그것은 주님의 은혜 외에 다른 방법은 없습니다.
제게 은혜를 베풀어 주세요.
예수님 이름으로 기도합니다. 아멘.

13

아무것도 할 수 없음

"나를 떠나서는 너희가 아무것도 할 수 없음이라"
(요 15:5)

모든 점에서 가지의 삶은 포도나무의 그것과 정확하게 짝을 이룬다. 예수님은 자신에 대해 이렇게 말씀하셨다. "아들은 스스로 아무것도 할 수 없음이니라." 이와 같은 전적 의존의 결과 그 분은 아버지께서 하시는 것을 보았고 다음과 같은 말씀을 덧붙이셨다. "아버지께서 하시는 모든 것을 아들도 할 수 있느니라."아들이신 그 분은 자신의 삶을 아버지께로부터 한 번에 받지 않으셨다. 대신에 매 순간마다 공급받으셨다. 그 분의 삶은 그가 살기로 예정된 모든 것을 아버지께 계속해서 받는 삶이었다. 그래서 그리스도께서는 제자들에게 이렇게 말씀하셨다. "너희가 나를 떠나서는 아무 것도 할 수 없음이라"그 분은 문자 그대로 그것을 의미하신 것이다. "너희가 아무 것도 할 수 없음이라."참된 제자로 살기 원하고 과실을 맺어 하나님께 영광 돌리고자 하는 사람에게 주신 메시지는 이것이다. "저가 내 안에, 내가 저안에 있으면 이 사람은 과실을 많이 맺나니."이 말씀은 간결하면서도 분명하게 요점만 강조되어 있다. "내 안에 거하는 것은 필수 불가결한 일이다. 너희도 알다시피 너희 스스로는 천국의 삶을 유지하거나 실현할 수가 전혀 없기 때문이다"라고 말씀하시는 것이다.

이 진리의 말씀에 대한 깊은 확신은 강력한 영적 생명력의 근원이 된다. 우리가 자신을 창조할 수는 없다. 죽은 사람을 일으킬 수도 없다. 하지만 거룩한 삶을 위해 자신을 드릴 수는 있다. 혹 자신을 드릴 수 없다고 하더라고 그러한 삶을 유지하고, 발전시킬 수는 있다. 모든 행위가 그리스도와 그의 영을 통한 하나님의 역사이다. 이것을 믿는 사람이 전적으로 끊임없이 의존하는 삶을 사는 사람이다. 그리고 그것은 신앙생활의 핵심이다. 영적인 시각을 가진 사람은 매 순간마다 은혜를 공급하시는 그리스도를 바라본다. 깊은 영적 삶을 위해 은혜를 베푸시는 그리스도를 바라본다. 그러한 사람은 "너희가 아무것도 할 수 없음이라"는 말씀에 전 인격을 담아 아멘으로 화답하고 있는 것이다. 이 사실을 깨달았기 때문에 또한 그는 "내게 능력 주시는 자 안에서 내가 모든 것을 할 수 있느니라"(빌 4:13)고 말할 수 있다. 스스로는 아무 것도 할 수 없다는 생각으로 그리스도 안에 거할 때 진실한 과실을 맺고 선한 일에 부지런해질 것이다.

나를 떠나서는 너희가 아무것도 할 수 없음이라 - 매 순간 그리스도 안에 거하라는 이 말씀은 얼마나 간절한 호소인가! 이 말씀이 진리임을 확인하기 위해 우리가 해야 하는 것은 단지 포도나무에게 돌아가는 것이다. 나무로부터 양분을 받지 않아 열매가 없고 무기력한 작은 가지를 보라! 그 가지는 전적으로 무력하다. 그처럼 그리스도를 떠나서는 아무것도 할 수 없음을 확실히 믿으라! 천국의 포도나무 안에 거해야 한다는 사실을 기억하라! 자기 자신을 철저히 낮춰야 하며, 믿음을 오직 그리스도 안에 두어야 한다. 그리스도께서 말씀하신 가지치기의 뜻은 바로 이것이다. "내 안에 거하라" - 많은 열매를 맺을 것이다. "나를 떠나서는" - 아무것도 할 수 없다. 이제 우리가 어떻게 해야 하는지 분명하지 않은가?

이 비유에서 배울 수 있는 한 가지 교훈은 이것이다. 가지가 나무에 거하는 것이 너무나 자연스럽고 당연하듯이 당신도 그리스도 안에 거해야 한다는 것이다. 이를 위해 예수님은 참포도나무가 되셨다. 이것을 위해 하나님은 농부가 되셨다. 또한 이것을 위해 당신은 가지가 되었다. "나를 떠나서는"이라는 말씀이 당신의 삶에서 결코 이루어지지 않도록 구해야 하지 않겠는가? "내 안에 거하라"는 말씀이 영원토록 쉬지 않고 당신의 삶에 성취되게 해달라고 부르짖어야 하지 않겠는가? 당신의 마음을 그리스도와 그 분이 하시는 일을 향해 고정시켜라. 주님의 거룩한 능력을 향하도록 하라. 가지에 대한 그 분의 따뜻한 사랑을 바라보라. 그러면 언젠가 믿음으로 고백할 수 있을 것이다. "주님! 저는 당신 안에 거하고 있습니다. 저는 과실을 많이 맺을 것입니다. 저의 부족함은 곧 당신의 능력입니다. 그렇게 되게 해 주옵소서. 당신을 떠나서는 아무엇도 할 수 없습니다. 오직 당신 안에서 과실을 많이 맺을 수 있을 뿐입니다."

"나를 떠나서는 아무것도 할 수 없음이라"는
말씀을 가르쳐 주시니 감사합니다.
저의 무능함은 최고의 축복입니다.
당신이 모든 것을 채워주시고
이루시는 포도나무가 되시기 때문입니다.
주님! 그렇게 하여 주옵소서. 저는 아무 것도 아닙니다.
주님의 충만한 임재를 기대합니다.
주님! 이 말씀의 축복과 영광을 제게 나타내 주옵소서. 예수님 이름으로 기도합니다. 아멘.

14

말라 버린 가지들

"사람이 내 안에 거하지 아니하면 가지처럼 밖에 버리워 말라지나니 사람들이 이것을 모아다가 불에 던져 사르느니라"(요 15:6)

이 말씀들은 단순하지만 무게 있는 교훈을 가르쳐 주고 있다. 예를 들어 어떤 사람이 그리스도와 밀접한 관계를 맺고 있다고 하자. 그는 자신이 예수님 안에 있다고 간주할 수 있다. 그럼에도 결국 그는 버려질 수도 있다.

그러한 경우 그 사람이 그리스도 안에 거했다고 할 수는 없을 것이다. 그 가지는 결국 말라 버려 불에 던져지는 것이기 때문이다. 처음에 그리스도와 연합한 것처럼 보이는 가지를 생각해보자. 그는 안정된 구원을 얻은 것처럼 보인다. 그는 잠시 동안은 믿음이 있는 것처럼 보인다. 그러나 그 가지는 곧 말라 버릴 것이다. 이와 같은 일들이 얼마든지 우리 주위에서 일어날 수 있다. 때문에 우리 교회에 말라버린 가지들이 없는지 돌아보는 것은 매우 중요하고도 엄숙한 요구이다. 가지가 정말 주 안에 거하며 과실을 맺는지 살펴보는 것은 반드시 필요한 일이다.

"그리스도 안에 거하지 않는" 이유는 무엇일까? 어떤 사람들의 경우는 성도로 부르심을 받은 것이 거룩한 순종과 사랑의 봉사의 삶으로 이어져야 한다는 것을 깨닫지 못하기 때문이다. 그들은 단지 믿어 지옥에 가지 않는다는 생각에 만족하는 사람들이다. 그들에게는 그리스도 안에 거할 이유도, 능력도 없다. 그래야 할 필요를 느끼지 못하기 때문이다. 그저 한 번 구원받은 것으로 만족한다. 또 어떤 사람들의 경우는 세상 근심과 부에 대한 욕심이 말씀을 막아버리기 때문이다. 그들은 그리스도를 따르기 위해 결코 모든 것을 포기하지는 않는다. 적당히 포기하거나, 크게 손해 보지 않는 정도만 포기한다. 중요한 것은 자신이 다 붙잡고 있다. 또 어떤 사람들의 경우는 신앙에 있어 하나님의 능력보다 자신의 지혜를 의지하기 때문이다. 그들은 은혜의 수단들을 신뢰한다. 하지만 동시에 자신의 신실함과 믿음도 신뢰한다. 그들은 유일한 피난처 되시는 그리스도 안에 결코 온전히 거하지 않았던 것이다. 따라서 유혹과 핍박의 뜨거운 바람이 불어올 때 그들이 시들어 버리는 것은 당연한 일이다. 그들은 그리스도 안에 진실로 뿌리를 내린 적이 없기 때문이다.

눈을 크게 뜨고 우리 주위의 교회를 살펴보자. 우리 주위에 말라 버린 가지가 혹 있는지 잘 살펴보자. 한 때 뜨거운 신앙고백을 했지만 점점 차가워지고 있는 젊은이를 발견할 지도 모른다. 오랫동안 신앙고백을 지켜왔지만 삶의 무게에 눌려 영혼이 죽어가고 있는 장년 성도를 발견할 지도 모른다. 이럴 때 우리는 어떻게 해야 하는가? 목회자들과 성도들이 그리스도의 말씀을 취하여 마음에 새기도록 해야 할 것이다. 막 시들기 시작하는 가지들을 위해 할 수 있는 일이 무엇인지 주님께 물어야 할 것이다. "그리스도 안에 거하라"는 말씀이 교회를 통해 울려 퍼지도록 해야 한다. 모든 믿는 사람들이 그 말씀을 붙잡을 때까지 계속해서 외쳐야 한다. 진실로 그리스도 안에 거하지 않으면 구원은 없다.

이제 눈을 돌려 자기 자신을 살펴보자. 우리의 삶이 시절을 좇아 과실을 맺을 정도로, 신선하고 새로우며 활력 넘치는가(시 1:3; 92:13-14, 렘 17:7-8을 보라). 모든 경고의 말씀을 기꺼이 받아들이도록 하자. "사람이 내 안에 거하지 아니하면"이라는 그리스도의 말씀에 깨어 경성하자. 그래서 "내 안에 거하라"는 그분의 말씀을 절박하게 받아들이도록 하자. 바로 선 영혼에게는 주 안에 거하는 비결이 더욱 간단할 것이다. 주 안에 있는 영혼에게는 그분과의 연합에서 오는 평안한 안식이 있을 것이다. 확실한 믿음 가운데 그분이 나를 지켜주실 것이다. 오! 기억하고 믿음으로 기대하도록 하자! 그러한 사람에게는 늘 시들지 않는 싱싱한 삶이 보장돼 있다는 것을. 풍성한 과실을 맺는 삶이 기다리고 있다는 것을.

하나님 아버지, 나를 돌아보시고 지켜주시옵소서.
주 안에 온전히 거할 때 얻는 신선함을
그 어떤 것도 방해하지 못하도록 보호하여 주옵소서. 시
들어버리는 가지에 대한 지식을 통해
거룩한 두려움과 경성하는 마음을 갖게 하여 주옵소서.
예수님 이름으로 기도합니다. 아멘.

15

무엇이든지 원하는 대로

"너희가 내 안에 거하고 내 말이 너희 안에 거하면 무엇이 든지 원하는 대로 구하라 그리하면 이루리라"(요 15:7)

포도나무가지는 끊임없이 기도해야 하는 위치에 있다. 포도나무에 전적으로 의존하는 가지는 쉬지 않고 기도해야 한다. "오, 나의 포도나무시여! 과실을 맺기에 넉넉한 양분을 보내주옵소서." 그 기도는 응답받지 못하는 경우가 결코 없다. 가지는 자신에게 반드시 필요한 것, 또 요구할 만한 것을 구하기 때문에 항상 응답받는 것이다.

그리스도 안에 있는 신자의 영적 건강은 지속적인 기도의 삶에 비례한다. 의식적으로 또는 무의식적으로 신자는 끊임없이 예수님을 의지하는 삶을 살고 있다. "너희가 아무것도 할 수 없음이라"는 주님의 말씀은 포도나무와 가지처럼, 기도와 응답이 하나님과 신자 사이에 끊이지 않아야 됨을 가르쳐 준다. "무엇이든지 원하는대로 구하라 그리하면 이루리라"는 약속은 우리에게 한없이 담대한 믿음을 심어 주는 것이다.

이 약속은 과실을 맺는 것과 직접적으로 관련해서 주어진 것이다. 그 약속을 자신과 자신의 필요에만 국한해서 생각해보라. 당신은 그 약속의 능력을 붙잡을 수 있다. 당신은 그것을 당신의 것으로 차지할 수 있다. 그리스도께서는 이런 능력을 가진 제자들을 세상에 보내셨다. 제자들은 세상을 위해 자신의 삶을 바칠 준비가 되어 있었다. 때문에 예수님은 제자들에게 천국 보화에 대한 처분권을 주신 것이다. 그들은 기도를 통해 자신들의 사역에 필요한 성령과 능력을 받았다.

그 약속은 성령의 임재와 직접적으로 관련해서 주어진 것이다. 성령은 (포도나무의 양분이 그런 것처럼) 비유에서 별로 언급되지 않는다. 그러나 이 양자는 전체적으로

중요한 의미를 갖는다. 이 비유 바로 앞 장에서 우리 주
님은 그들의 내적인 삶과 관련하여 성령에 대해 말씀하
셨다. 그들 안에 계시고 그들 안에서 자신을 나타내시는
성령에 관해 말씀하셨다(14:15-23). 다음 장에서 주님은
그들의 사역과 관련해서 성령에 대해 말씀하셨다. 그들에
게 오셔서 세상을 책망하시고 그리스도를 영화롭게 할
성령에 대해 말씀하셨다(16:7-14). 무한한 기도 응답의
약속을 우리 것으로 취하기 위해 우리는 성령으로 충만
한 사람이 되어야 한다. 예수님의 일과 영광을 위해 전적
으로 자신을 포기해야 한다. 성령께서는 우리가 그 약속
의 신실함을 깨닫고 성취에 대한 확신을 갖도록 우리를
인도해주실 것이다.

많은 과실을 맺도록 부르신 하나님의 뜻이, 기도로 성
취될 수 있음을 깨달아야 한다. 그리스도 안에는 우리의
이웃들이 필요로 하는 모든 보화가 감춰져 있다. 주님은
은혜와 진리로 충만한 분이시다. 때문에 주님 안에서 모
든 하나님의 자녀들이 모든 신령한 복을 누리는 것이다.
하지만 이러한 주님의 축복은 그냥 주어지지 않는다. 이
축복을 누리기 위해서는 기도해야 한다. 더 많이 기도해
야 하며, 변치않는 믿음으로 기도해야 한다. 이와 더불어

한 가지 사실을 기억하라. 그 약속을 우리 것으로 취하기 위해서는 이웃을 위해 우리의 삶을 포기해야 한다는 것이다. 많은 사람들이 그 약속을 받아 누리기 위해 애쓴다. 먼저 자기 자신이 얻을 수 있는 것을 살펴본다. 이웃은 나중이다. 하지만 이것은 올바른 방법이 아니다. 오히려 그 반대로 해야 한다. 자신 보다 먼저 다른 영혼의 필요를 위해 당신의 마음에 짐을 지고 있는가. 다른 영혼을 구원하라는 명령에 대해 거룩한 부담을 느끼고 있는가. 그럴 때 그 약속을 취할 수 있는 능력이 여러분에게 주어질 것이다.

바로 이것이 포도나무 안에 거하는 멋있는 삶을 증거하는 것이다. 주님은 우리에게 말씀하셨다. 우리가 그와 연합했을 때 그의 이름으로 무엇이든지 구하면 이루어주시겠다고 하셨다. 그럼에도 불구하고 많은 영혼들이 기도를 하지 않기 때문에 넘어지고 있다. 하나님의 자녀들이 기도를 너무 적게 하기 때문에 점점 약해지고 있다. 우리는 기도를 적게 하기 때문에 적은 열매를 맺고 있는 것이다. 이 약속을 확실히 믿으라. 이 약속에 대한 믿음이 우리를 기도의 용사로 만들어 줄 것이다. 이 약속이 우리 마음에 온전히 새겨질 때까지 쉬지 말고 기도하라. 그리스도의 능력에 우리 자신을 온전히 맡기고 계속해서 수고하며 기도에 힘쓰도록 하라. 주님의 축복이 능력으로 임할 것이다. 가지로 산다는 것은 이 세상에서 과실을 맺는다는 것을 의미한다. 뿐만 아니라 하늘의 축복을 가져오는 기도의 능력을 체험하는 것을 의미한다. 주 안에 온전히 거하는 것은 많이 기도한다는 것이다.

"원하는 대로 구하라"고 하신 주님, 감사합니다.
그런데 왜 우리는 이 단순한 하나님의 말씀에
순종하지 않는지요.
이 말씀을 붙들고 적극 활용하여
축복을 체험하지 않는지요.
우리를 도와주옵소서.
세상과 사탄의 능력을 이기기 위해서
이 약속 외에 다른 것이 필요 없음을 알게 하여 주옵소서.
이 약속을 확실히 믿고
열심히 기도하도록 우리를 인도하여 주옵소서.
예수님 이름으로 기도합니다. 아멘.

16

너희가 내 안에 거하면

"너희가 내 안에 거하고 내 말이 너희 안에 거하면
무엇이든지 원하는 대로 구하라
그리하면 이루리라"(요 15:7)

포도나무와 가지의 비유가 그리스도인의 삶에 대한 참된 비유가 되는 이유는 모든 자연이 한 근원을 가지고 있으며 같은 공기로 호흡하고 있기 때문이다. 식물의 세계는 인간에게 객관적인 교훈을 줄 수 있게 창조되었다. 그 교훈은 인간이 하나님을 전적으로 의지해야 함과 그럴 때만이 안전을 보장 받을 수 있다는 가르침을 주고 있다.

들의 백합화에 옷을 입히시는 그 분께서 우리에게는 더 많은 옷을 입혀주실 것이다. 포도나무를 비롯한 여러 나무들에게 아름다움을 주시고 많은 열매를 맺게 하시는 그 분께서 우리를 통하여 더욱 풍성하게 당신이 원하시는 열매를 맺으실 것이다. 둘 사이에 한 가지 차이점이 있다면 나무는 그들 속에서 일하시는 하나님의 능력을 인식하지 못한다는 것이다. 그 분은 우리 안에서 우리의 동의와 인식 하에 일하기를 원하신다. 이것이 모든 피조물 중 인간 고유의 고상함이다. 인간은 그 분께서 하시고자 하는 일을 이해하고 동의하고 받아들이는데 있어서, 하나님과 협력할 수 있는 의지를 가지고 있다.

너희가....거하면 - 바로 여기에 자연적인 가지와 영적인 포도나무 가지 사이의 차이점이 있는 것이다. 전자는 자연의 힘에 의해 거하고 후자는 신적인 힘에 의해 거한다. 그것이 바로 하나님께서 각각의 가지들을 위해 마련하신 놀라운 배려이다. 자연의 능력이 자연적인 포도나무 가지에 거하는 것처럼, 은혜의 능력이 영적인 포도나무 가지에 거하는 것이다. 가지는 포도나무 안에서만 거할 수 있다.

너희가 내 안에 거하면....무엇이든지 원하는 대로 구하라 - 만약 우리가 참된 기도생활을 하기 원한다면, 사랑과 능력과 기도의 삶을 살기 원한다면, 마땅히 그리스도 안에 거해야 한다. 우리가 그리스도 안에 거한다면, 우리는 원하는 것을 요구할 자유를 소유하게 된다. 그렇다면 기도 응답에 대한 확신은 조금도 의심할 여지가 없는 것이다. 그런데 그 확신에는 "너희가 내 안에 거하면"이라는 한 가지 조건이 붙는다. 만일 그리스도 안에 거하기만 한다면 응답의 가능성이나 확실성에 대해 염려할 필요가 전혀 없는 것이다. 우리는 참으로 온전히 거하는 법을 배울 때까지 가지를 자세히 관찰해볼 필요가 있다. 그 작은 가지가 그처럼 아름다운 과실을 맺는 능력이 무엇인지를 깊이 생각해 보아야 할 것이다.

그 비밀이 무엇인가? 완전히 예수님께 점령당하는 것이다. 믿음과 사랑과 순종의 뿌리를 그 분께 깊이 박는 것이다. 오직 그리스도 안에 거하기 위해 다른 모든 것으로부터 나오는 것이다. 영광스러운 천국의 자녀가 되기 위해 지상의 모든 특권들을 포기하는 것이다. 그리스도를 삶의 최우선으로 삼는 것이다. 그리스도가 당신의 삶의 전부가 되게 하는 것이다. 오직 그리스도에게 사로잡히도록 하라. 그 분께서 당신을 붙들어 주실 것이다. 그 분께서 당신으로 하여금 그 분 안에 거하도록 지켜 주실 것이다. 또한 그 분께서 당신 안에 거하실 것이다.

너희가 내 안에 거하고 내 말이 너희 안에 거하면 - 예수께서는 이 말씀을 "내가 너희 안에 거하고 내 말이 너희 안에 거하면"이라는 의미로 우리에게 전달하고 있다. 즉, 생각과 기억, 사랑과 믿음에 있어서 뿐만 아니라 - 이 모든 것이 필요하지만 - 무엇보다도 순종에 있어서 그래야 한다는 것이다. 만일 이 말씀이 당신의 의지와 당신의 존재 속으로 들어가, 당신의 삶을 구성하게 된다면 - 만약 이 말씀이 당신의 성품을 변화시켜서 당신이 그 말씀에 합당한 사람으로 바뀐다면 - 당신이 뜻하는 바를 구하라. 그러면 반드시 응답받을 것이다. 기도로 하나님께 드리는 당신의 요구가 그리스도의 열매가 될 것이며, 당신 속에 살아계시는 그 분의 말씀이 될 것이다.

무엇이든지 원하는 대로 구하라 그리하면 이루리라 - 이 약속의 진리를 믿어라. 당신 자신을 다른 사람들을 위해 기도하는 존재로 드려라. 열매를 풍성히 맺는, 항상 더욱 많은 축복을 가져오는 도고자로 자신을 드려라. 이 같은 믿음과 기도는 당신으로 하여금 온전하고도 끊임없이 그리스도 안에 거할 수 있도록 도울 것이다.

"만일 너희가 거하면"이라고 말씀하신 주님. 그렇습니다.
기도의 능력과 응답 받는 능력은
오로지 주님 안에 거하는 것에 달려 있습니다.
주님이 그 포도나무가 되실 때
주님은 천국의 중보자로
당신의 영을 우리 안에 불어 넣어 주십니다.
온전히 당신 안에 거할 수 있도록 은혜를 베풀어 주옵소서.
당신께 위대한 일을 간구할 수 있는
은혜를 베풀어 주옵소서.
예수님 이름으로 기도합니다. 아멘.

17

영광 받으실 아버지

"너희가 과실을 많이 맺으면 내 아버지께서
영광을 받으실 것이요"(요 15:8)

우리는 하나님께 영광 돌리는 삶을 어떻게 살 수 있는가? 하나님께 영광 돌린다는 것이 그 분의 영광에다 어떤 새로운 영광을 더한다는 것은 아니다. 우리는 결코 하나님이 갖고 계신 영광에 조금도 새로운 영광을 더할 수 없다. 그것은 단지 그 분께 우리 자신을 복종시킴으로 그 분의 영광을 반사하는 것이다. 그 결과, 그 분의 영광이 우리 안에서 나타나고, 우리를 통하여 세상에 드러나게 될 것이다. 포도밭이나 나무가 많은 과실을 맺고 있을 때 그 주인은 칭찬과 영광을 받게 된다. 왜냐하면, 그것은 곧 주인이 훌륭한 기술과 성실한 보살핌으로 돌보았다는 것을 말해주기 때문이다. 이처럼 그 제자들이 과실을 많이 맺으면, 스승이신 하늘 아버지께서 영광을 받게 된다. 사람들과 천사들 앞에서 하나님의 은혜와 능력이 증거되고 그것은 곧 하나님께 영광이 되는 것이다. 하나님의 영광이 그 사람을 통하여 빛나는 것이다.

이것이 바로 베드로가 다음의 말씀을 통해 표현하고자 했던 것이다. "하나님이 주시는 능력으로 양무리를 치라. 그리하면 하나님은 모든 것에서 예수 그리스도로 말미암아 영광을 받으실 것이다"(벧전 5:2 참고). 오직 하나님께로부터 오는 능력을 힘입어 일하고 봉사할 때, 하나님께서 모든 영광을 받으실 것이다. 능력이 오직 하나님께로부터만 온다는 사실을 고백할 때, 그 일을 행하는 사람이나 그 일을 지켜보는 사람들 모두가 하나님께 영광을 돌리게 되는 것이다. 모든 일을 하시는 분은 바로 하나님이시다. 사람들은 정원의 과실을 보고 정원사의 능력을 평가한다. 사람들은 그 분이 경작한 포도나무 가지의 열매를 보고 하나님을 평가한다. 열매가 없다면 하나님께는 아무런 영광도 돌아가지 않게 된다. 포도나무와 농부 모두에게 아무런 칭찬도 돌아가지 않는 것이다. "너희가 과실을 많이 맺으면 내 아버지께서 영광을 받으실 것이요."

우리는 이따금씩 우리의 연약함으로 과실을 맺지 못했음을 한탄한다. 때로는 불평하거나 원망하기도 한다. 하지만 그러한 태도는 자신 뿐만 아니라 동료들에게도 해를 끼치는 것이다. 우리는 단지 과실을 맺지 못했다는 죄책감과 부끄러움을 생각한다. 하지만 그 전에 먼저 하나님께서 우리를 통하여 마땅히 받으셔야 할 영광을 우리가 가로챈 것은 아닌지 생각해보아야 할 것이다. 우리 모두 하나님께 영광 돌리는 비결을 배우도록 하자. 그리하여 하나님이 주시는 능력으로 봉사하자. 그것은 "너희가 아무것도 할 수 없음이라"는 그리스도의 말씀을 전적으로 인정하는 것이다. 모든 것을 하실 수 있는 하나님을 온전히 믿고 의지하는 것이다. 또한 영혼의 농부이신 그분께서 그리스도를 통하여 일하시고 많은 열매를 거두실 때 우리가 그리스도 안에 거하는 것이다. - 이 모든 것들이 하나님께 영광을 돌리는 생활이다.

풍성한 과실 Much fruit - 하나님은 우리에게 풍성한 과실을 요구하신다. 우리는 하나님께 풍성한 열매를 드려야 하는 사명을 갖고 있음을 깨달아야 한다. 하나님은 적은 것으로 만족하실 수 없는 분이시다. 당신도 역시 적은 것으로는 만족할 수 없을 것이다. 이러한 그리스도의 말씀 - 과실, 더 많은 과실, 풍성한 과실 - 이 당신 안에 늘 거하게 해야 한다. 하늘의 포도나무이신 그 분과 같이 생각하라. 그분께서 당신을 위해 예비해 놓으신 것을 얻도록 준비해야 한다. "너희가 과실을 많이 맺으면 내 아버지께서 영광을 받으실 것이요." 당신은 이 수준 높은 요구에 반드시 응답하겠다는 담대함을 가져야 한다. 그런데 그 요구는 당신의 능력을 초월하는 일일 것이다. 그러므로 참포도나무이신 그리스도를 전적으로 의지해야 한다. 그 분께서 그것을 하실 수 있다. 그 분은 당신 안에서 그것이 이루어지도록 하실 것이다.

풍성한 과실 Much fruit - 하나님은 이것을 친히 이루시는 자신의 능력을 과시하기 위해 열매를 요구하시는 것이 아니다. 하나님은 자신이 필요하기 때문에 이것을 요구하신다. 그 분은 사람들의 구원을 위해 과실을 필요로 하신다. 이것이 바로 그 분이 영광 받으셔야 하는 진짜 이유이다.

당신의 포도나무와 농부를 위해 기도하기를 힘쓰라. 다른 영혼을 위해 많은 과실을 맺게 해 달라고 하나님 아버지께 부르짖으라. 긍휼에 풍성하신 예수님께서 행하셨던 것처럼, 당신도 배고프고 가난한 자들을 위해 함께 짐을 지도록 하라. 당신이 드리는 능력의 기도는 반드시 이루어질 것이다. 주님 안에 거함을 체험하게 될 것이다. 풍성한 과실을 맺음으로 하나님 아버지께 영광을 돌리는 일이 곧 성취될 것이다. 그러한 것들이 무엇인지 예전에는 잘 이해할 수 없었더라도 말이다.

영광의 하나님. 저를 인하여 스스로 영광을 받으시는
하나님. 제 안에서 그리고 저를 통하여 당신의 영광과
능력을 나타내시니 이 얼마나 복된 일인지요.
이렇게 축복해 주시니 감사합니다.
당신의 능력으로 제가 많은 과실을 맺게 되니
이 얼마나 놀랍고 감사한 일인지요!
아버지여, 저를 통하여 당신이 영광을 받으소서.
예수님 이름으로 기도합니다. 아멘.

18

참 제자들

"너희가 과실을 많이 맺으면 내 아버지께서 영광을 받으실 것이요 너희가 내 제자가 되리라"(요 15:8)

그렇다면 많은 과실을 맺지 못한 이들은 제자가 아닌 것일까? 아니다. 그들도 제자이긴 할 것이다. 다만 뒷전에서 맴돌거나 아직 성숙하지 못한 수준의 제자들일 것이다. 많은 열매를 맺는 사람들에 대해서 그리스도는 다음과 같이 말씀하신다. - "이들은 나의 제자들이다. 내가 이들에게 기대했던 바와 같이 이들이야말로 참제자들이다."

마치 평소에 우리가 바라던 사람을 만났을 때 "바로 이 사람이야!"라고 말하는 것처럼 말이다. 이처럼 우리 주님께서는 누가 참제자인지, 누가 과연 제자라는 이름으로 불리기에 합당한지를 말씀하고 계신다. 그들은 바로 많은 과실을 맺는 사람들이다. 우리는 복음서에서 이 '제자'라는 단어에 두 가지 의미가 있음을 발견할 수 있다. 때때로 그것은 그리스도의 가르침을 받아들인 모든 사람들을 일컫는 말이다. 어떤 때는 전적으로 그리스도를 따르며, 그 분을 위한 일과 예배에 자신을 전부 드리는 적은 무리들만을 가리키기도 한다. 이 두 부류 사이의 차이는 언제나 있어왔다. 온 마음을 다해 하나님을 찾고 섬기고자 했던 소수의 하나님의 백성들이 있었던 반면에, 그분의 은혜와 뜻을 그저 약간 헤아리는 것으로 만족해버리는 다수의 무리들도 있었던 것이다.

이 소수의 무리와 여기에 참여하지 않았던 다수의 무리들 사이의 차이점은 무엇인가? 우리는 그 차이점을 "많은 과실"이란 단어에서 발견할 수 있다. 많은 그리스도인들에게 있어서 신앙의 최종목표는 개인의 안녕이다. 이들에게 봉사나 열매에 대한 관심은 언제나 2차적이고 부수적인 것일 뿐이다. 많은 열매를 맺고 싶은 열망이 없는 것은 이들에게 그다지 문제가 되지 않는다. 전적으로 주님을 위한 삶을 살도록 부르심을 입은 영혼들, 즉 그 분이 우리를 위해 생명을 주신 것처럼 우리도 그 분을 위해 생명을 드려야한다는 것을 깨달은 사람들은 결코 개인의 안녕에 최종목표를 두지 않는다. 그들의 최종목표는 가능한 한 많은 열매를 맺는 것이다. 주님께서 원하셔서 주시는 만큼 많은 과실을 맺는 것이다.

너희가 과실을 많이 맺으면... 너희가 내 제자가 되리라 - 이 말씀을 깊이 묵상해보도록 하자. 이 말씀을 '점점 더 많은 일' 혹은 '더 좋은 일'을 하는 정도로 생각해서는 안 될 것이다. 그런 생각으로는 결코 제자가 될 수 없을 것이다. '과실을 많이' 라는 말에 주목해보라. 이것은 당신이 어떤 사람이 되어야 하며, 또 될 수 있는가를 보여주는 말씀이다. 여러분의 힘으로 무언가 이룬다는 것은 불가능한 일임을 인정하라. 그것은 완전히 어리석은 시도라는 것을 인정하라. 그 말씀을 통해 포도나무를 새롭게 바라보라. 그리고 그 말씀을 통해 당신 안에서 하늘의 충만함이 가득하게 하라. 그 말씀을 통해 당신의 믿음을 새롭게 하라. 그리고 다음과 같이 고백하라. "나는 참포도나무의 가지입니다. 나는 그 분의 영광과 아버지의 영광을 위해 많은 열매를 맺게 될 것입니다."

우리가 다른 사람들을 판단할 필요는 없다. 그러나 우리는 하나님의 말씀을 통해 어디에나 두 부류의 제자가 있음을 알 수 있다. 우리가 어느 부류에 속하는 것이 좋을지 아직도 주저할 이유가 있는가. 그 분의 영으로 충만한 삶, 그 분께 완전히 드려지는 삶이 어떤 것인지 우리가 알게 해 달라고 간구하자. 깨끗한 삶, 주님과의 지속적인 연합, 친밀한 교제, 풍성한 과실, 이것들 외에는 우리에게 다른 욕심이 없도록 하자. 참포도나무의 참가지가 되도록 하자.

세상은 부패하고, 교회는 쓰러져가고 있다. 그리스도께서는 전심을 다해 많은 과실을 맺는 그리스도인들을 발견하기 힘든 현실 때문에 슬퍼하고 계신다. 비록 당신이 많은 열매를 맺는다는 것이 무슨 뜻인지, 어떻게 해야 많은 과실을 맺을 수 있는지 잘 모른다 할지라도, 그 분께 간구하도록 하라. "저는 많은 과실을 맺어야 할 당신의 가지입니다. 당신이 말씀하신대로 당신의 참제자가 될 준비가 되어 있습니다."

복되신 주님,
주님이 저를 통해 맺으신 많은 과실은
당신이 참포도나무요, 제가 참가지라는 증거입니다.
저는 전적으로 주님 뜻대로 하실 수 있는
주님의 제자입니다.
기도하오니, 당신을 기쁘시게 하기 위해
노력하는 어린아이와 같은 마음을 제게 주옵소서.
많은 과실을 맺고자 하는 마음을 주옵소서.
당신께서 저를 통해 많은 과실을 셀 수 있기를 소원하며
예수님 이름으로 기도합니다. 아멘.

19

놀라운 사랑

"아버지께서 나를 사랑하신 것같이 나도
너희를 사랑하였으니"(요 15:9)

 이제 그리스도께서는 아버지에 대하여 비유로 말씀하지 않으신다. 직접적이고도 분명한 말씀을 하고 계신다. 많은 것들을 비유로 가르치실 수 있었지만, 사랑의 교훈만큼은 가르치실 수 없었다. 포도나무를 통하여 그 가지에서 일어나는 모든 일들은 거스를 수 없는 자연법칙에 의한 것이다. 자연법칙에는 가지에 대한 인격적인 사랑이 작용하지 않는다. 우리는 그리스도를 단지 한 분의 구세주, 모든 필요를 공급해주시는 분 정도로만 바라보는 경향이 있다. 하지만 그리스도께서는 더 나아가 인격적인 사랑으로 우리를 품어주신다. 인격적인 사랑으로 우리에게 행복을 주신다. 바로 이 점을 우리에게 지적해주고 계신 것이다.

그렇다면 그 분은 어떻게 그렇게 하실까? 그 분은 우리의 삶이 그 분 자신의 삶과 같다는 것을 보여주시기 위해 우리를 그 분 자신에게로 인도하신다. 아버지께서 그 분을 사랑하시듯 그 분은 우리를 사랑하신다. 아버지를 의지하는 포도나무로서 그 분의 삶은 아버지의 사랑 안에 있는 삶이었다. 아버지의 사랑이 그의 힘이자 기쁨이었다. 그 분은 자신 안에 있는 아버지의 사랑의 힘으로 살다가 죽으셨다. 우리도 그 분과 같이 아버지의 사랑 가운데 살고자 한다면, 우리 역시 이 사랑을 함께 나눌 수 있어야 한다. 우리의 삶은 그 분처럼 하늘의 사랑 가운데 호흡하며 거해야 한다. 그래야만 아버지의 사랑이 그 분에게 임한 것처럼 또한 우리에게 임할 것이다. 아버지의 사랑이 그 분을 참포도나무가 되게 하였다면, 그 사랑이 역시 우리를 참가지가 되게 하실 것이다. "아버지께서 나를 사랑하신 것같이 나도 너희를 사랑하였으니."

아버지께서 나를 사랑하신 것같이 - 그런데 아버지께서는 그 분을 어떻게 사랑하셨을까? 하나님은 자신이 소유한 모든 것을 그 아들과 함께 나누고자 하셨다. 그 아들을 자신과 완전히 동격으로 취하고자 하셨다. 아버지는 그 아들 안에 거하셨고 아들 역시 자신 안에 거하도록 하셨다. 이러한 아버지 하나님의 열망이 바로 아들 그리스도를 향한 사랑이었다. 그것은 우리가 다 이해할 수 없는 영광스런 신비이다. 그것을 생각할 때 우리는 단지 엎드려 절하며 경배할 수 있을 뿐이다. 그런데 그리스도께서 바로 그와 똑같은 사랑으로, 무한한 기쁨 가운데 우리와 교제하기를 원하신다. 우리로 하여금 그 분의 축복에 참여할 수 있게 하신다. 그 분이 우리 안에, 우리가 그분 안에 거하게 하시는 것이다.

지금도 그리스도께서는 그처럼 강력하고도 무한한 하나님의 사랑으로 우리를 사랑하신다. 그런데 무엇이 우리로 하여금 그 충만한 사랑을 누리지 못하게 하는 것일까? 그 분과의 사랑의 교제를 방해하는 장애물은 무엇일까? 그 대답은 간단하다. 그리스도에 대한 아버지의 사랑처럼,

우리를 향한 그 분의 사랑은 신비로운 하늘의 것이다. 때문에 우리 자신의 노력으로 그것을 다 이해하거나 얻을 수 없는 것이다. 그리스도 안에 있는 이 같은 놀라운 하나님의 사랑을 보여 주실 수 있는 분은 오직 성령 하나님 한 분뿐이시다. 그리스도께서 성령으로 말미암아 우리 마음에 거하시기 때문이다. 양분을 공급함으로 가지를 자라게 하고 열매 맺게 하는 것은 다름 아닌 포도나무 자신이다. 이 사실을 깨닫고 성령 하나님과 교제하게 될 때 우리는 모든 지식을 초월하는 하나님의 사랑을 알게 될 것이다. 그 사랑을 소유하게 될 것이다.

아버지께서 나를 사랑하신 것같이 나도 너희를 사랑하였으니. - 살아계신 그리스도, 인격이신 그리스도께로 나아가 그분을 신뢰하며, 그분께 모든 것을 드리지 않겠는가? 그분은 이처럼 놀라운 사랑을 우리에게 베풀어 주려 하신다. 그 분은 "아버지께서 나를 사랑하신다"는 것을 알았고 그로 인해 매순간 기뻐하셨다. 그렇다면 우리는 "아버지께서 그분을 사랑하셨던 것처럼, 그 분 역시 우리를 그렇게 사랑하신다"는 것을 늘 의식하고 감사하며 살아야 할 것이다.

아버지께서 나를 사랑하신 것같이
나도 너희를 사랑한다고 말씀하신 주님,
저는 이제야 깨닫기 시작했습니다.
포도나무의 삶은 곧 가지의 삶이라는 것을
이제야 알았습니다. 주님은 포도나무입니다.
아버지께서 주님을 사랑하셨고
주님을 통해 자신의 사랑을 쏟아 부으셨습니다.
그리고 주님 또한 그와 같이 저를 사랑하십니다.
가지로서의 저의 삶은 포도나무이신 당신의 삶과 같습니다.
주님과 같이 천국의 사랑을 받으며
그리고 밖으로 나누어주며 살아가게 하여 주옵소서.
예수님 이름으로 기도합니다. 아멘.

20

나의 사랑 안에 거하라

"아버지께서 나를 사랑하신 것같이 나도 너희를 사랑하였으니
나의 사랑 안에 거하라"(요 15:9)

나의 사랑 안에 거하라. - 우리는 가정을 '거처' 라고도 한다. 그렇다면 영혼의 거처는 어디인가? 우리 영혼의 가정인 거처는 '그리스도의 사랑' 이 되어야 한다. 우리는 그 안에서 살며 온종일 그 가정에 거해야 한다. 이것이 바로 그리스도께서 우리에게 원하시는 인생이고 그리스도께서만이 이루실 수 있는 인생이다. 우리가 계속해서 포도나

무 안에 거한다는 것은 언제나 그 분의 사랑 안에 거한다는 말이다.

당신은 아마 더 수준 높고 심오하며, 부요하고 풍성한 삶에 대해 들어왔을 것이다. 그리고 누군가 자신이 체험한 놀라운 변화에 대한 이야기를 하는 것을 들어본 적이 있을 것이다. 계속해서 실패하고 좌절하던 인생이 놀라운 기쁨으로 가득한, 강건한 삶으로 변화된 복된 간증을 들어보았을 것이다. 만약 당신이 그들에게 그런 놀라운 축복을 어떻게 받게 되었냐고 물으면, 많은 사람들은 간단히 대답할 것이다. 그리스도의 사랑 안에 거하도록 인도를 받았고, 모든 것을 기꺼이 포기하게 되었으며, 그리스도를 전적으로 신뢰한 결과 그러한 축복을 체험하게 되었다고 대답할 것이다.

성자에 대한 성부의 사랑은 단순한 감정이 아니다. 그것은 하늘의 생명이고, 무한한 에너지이며, 저항할 수 없는 능력인 것이다. 그것은 삶과 죽음 그리고 무덤을 통하여 그리스도를 이끌었던 능력이다. 아버지는 아들을 사랑하셨고, 아들 안에 거하셨으며, 아들을 위해 모든 것을 하셨다. 이와 마찬가지로 우리를 향한 그리스도의 사랑 역시 우리에게 그렇게 역사한다. 그리스도의 사랑이 우리에게 주시고자 하는 모든 것을 이끌어내는 무한한 능력이 되는 것이다. 그럼에도 그리스도인들의 삶에 연약함이 자주 나타나는 것은 이 사실을 믿지 않기 때문이다. 그 분의 사랑이 우리 기쁨의 원동력이 되며, 실제 우리 안에 역사하신다는 것을 믿지 않는 것이다. 포도나무는 많은 가지를 소유하고 있다. 그리고 그 많은 가지 속에서 완벽하게 일하고 있다. 그런데 우리는 이 사실을 믿으려 하지 않는다. 오직 그리스도께서만이 하실 수 있는 일을 우리 스스로 해보려고 애쓴다. 그리스도께서 충만한 사랑으로 우리를 위해 하고자 하시는 그 일을 우리 스스로 해보려고 발버둥치고 있는 것이다.

이 무한한 사랑이 모든 것을 이루어내며, 모든 것을 준다는 사실을 깨닫게 될 때 우리가 말한 변화의 비밀을 알게 되는 것이다. 비로소 새로운 삶을 시작하게 되는 것이다. "나의 사랑 안에 거하라." 그럴 때 매순간마다 그러한 삶이 가능하다. 어렵거나 불가능해 보이는 모든 일들이 그리스도를 통해 극복될 수 있음을 믿으라. 사랑은 진실로 모든 것을 우리에게 주기를 원하고 결코 우리를 버려두지 않는다는 것을 믿으라. 그리스도께서 우리 안에서 일하실 수 있도록 우리 자신을 전적으로 그 분께 내어 맡겨라. 이것이 바로 참된 그리스도인의 삶의 비밀이다.

그러면 어떻게 이와 같은 신앙에 이를 수 있는가? 당신이 진정 보이지 않는 것들을 보고 또 가지고자 한다면, 모든 보이는 것들로부터 돌아서야 한다. 예수님과 교제하는 시간을 더 많이 가지며, 하늘의 포도나무이신 그 분을 주목해 보라. 그리고 아버지의 사랑 안에 살도록 하라. 그 분은 당신이 자신의 사랑 안에서 살기를 원하신다. 만약 당신이 그 분과 그 분의 사랑으로 충만하기를 원한다면, 그 분을 의지하지 않는 당신 자신과 당신의 노력, 신념을 지금 즉시 버려야 한다. 거한다는 것은 다른 모든 곳으로부터 나와서 오직 한 곳에만 머무르는 것을 뜻한다. 동시에 두 곳에 거할 수는 없다. 다른 모든 곳으로부터 나오라. 오직 예수님과 그 분의 사랑에만 당신의 마음을 두어라. 그리하면 그 사랑이 당신의 믿음을 일깨워주고 더욱 강건하게 할 것이다. 당신의 영혼을 그 사랑으로 가득 채우고 그 사랑을 경배하며 기다리라. 곧 그 사랑이 당신을 지배할 것이다. 그 사랑의 능력이 당신의 거처요 가정인 그리스도 안에 끊임없이 거하게 해줄 것이다.

나의 사랑 안에 거하라고 하신 구주 예수님.
당신은 아버지의 사랑 안에 거하십니다.
그것이 당신을 참 포도나무되게 하였습니다.
당신 자신이 아닌, 우리를 위해
천국의 충만한 축복과 사랑을 예비해주시니 감사합니다.
저 역시 당신의 가지로서 당신의 사랑 안에
늘 거하기를 원합니다.
충만한 사랑을 제게 부어 주옵소서.
그 사랑이 차고 넘쳐서 제 주변에 흐르게 하여 주옵소서.
예수님 이름으로 기도합니다. 아멘.

21

순종과 거함

"너희도 내 계명을 지키면 내 사랑 안에 거하리라"
(요 15:10)

앞 장에서는, 안식과 능력의 삶으로 인도해주는 원동력을 살펴보았다. 그러한 삶은 그리스도의 인격적인 사랑에 대한 참된 통찰력을 통해서 오게 된다. 또한 그 분의 사랑이 우리의 영혼을 지켜준다는 믿음을 통해서 오곤 한다. 그러한 삶에 대한 이해와 관련하여, '순종'이나 '헌신'이라는 말이 자주 사용된다. 전적으로 순종하는 삶을 살지 않는 한 이와 같은 놀라운 사랑을 유지할 수 없다는 것은 우리 영혼 스스로가 잘 알고 있다. 죄를 멀리하기 위해 그리스도를 의지한다는 것은 곧 순종할 힘을 얻기 위해 과감하고도 즉각적으로 그리스도를 의지한다는 것을 말한다. 그리고 이것 역시 우리 영혼 스스로가 잘 알고 있다. 그렇다면 그러한 믿음을 실천으로 옮겨야 한다. 지금껏 그리스도를 신뢰하지 못하도록 방해하던 요소들을 과감히 잘라 버려야 한다. 하나님을 진정으로 기쁘시게 하는 삶을 살 것을 약속하고 기대하도록 하자.

이것이 바로 구세주께서 본 장에서 가르치시는 내용이다. "나의 사랑 안에 거하라"는 말씀으로 그 분의 사랑 안에 거하는 삶의 필요성을 말씀하신 후, 그렇게 살기 위한 한 가지 조건을 말씀하고 계신 것이다. "너희도 내 계명을 지키면 내 사랑 안에 거하리라." 이것은 가능한 조건일 뿐만 아니라 즉각적인 의무이다. 이것은 그 분께서 방금 열어 놓았던 그의 사랑의 문을 닫는, 불가능한 미션이 아니다. 우리가 그의 계명들을 지킬 수 없다면 그의 사랑 안에 거할 수 없다는 사실을 완곡하게 표현한 것이다. 이 교훈은 실천 가능한 약속이다. 만일 이것이 약속이 아니라면, "나의 사랑 안에 거하라"는 말씀은 실천할 수 없는 교훈, 모순된 교훈이 될 것이다.

이 열린 문으로 통하는 길에 대한 가르침은 비현실적인 이상이 아니다. 복된 거처로 초대하고 있는 그 사랑은 우리를 향해 손을 내밀어 그 계명들을 지키도록 인도해준다. 하늘에 오르신 우리 주님의 능력 속에서 순종을 약속하는 것은 어려운 일이 아니다. 계명을 지키기 위해 우리 자신을 기꺼이 포기하는 것을 두려워 말자. 그 분의 뜻을 통해 그 분의 사랑으로 가는 길이 열려 있다.

순종이 과연 무엇을 뜻하는지 잘 이해하도록 하자. 그것은 우리가 알고 있는 모든 하나님의 뜻을 다 이행하는 것을 말한다. 물론 그것들에는 하나님의 뜻인지 아닌지 확신하지 못하는 것들도 있을 수 있다. 하지만 무지는 본질적으로 그 안에 죄성을 내포하고 있다. 육체 안에서 일어나는 무의식적인 죄들도 있는데, 우리는 이것들을 통제하거나 극복할 수 없다. 적절한 때에 하나님께서는 자기 성찰과 겸손이라는 방법을 통해 이러한 죄들을 처리하실 것이다. 이런 부족함에도 불구하고 만일 우리가 어린아이와 같은 단순한 신앙을 갖는다면, 우리가 기대했던 것 보다 더 큰 구원을 베풀어 주실 것이다. 그러나 이 모든 것은 참된 순종의 마음을 가진 자들에게서 발견된다. 순종이란 우리 주님의 계명들을 기꺼이 지키는 것을 말하며, 우리가 알고 있는 모든 것에 있어서 그 분의 뜻을 이행하는 것을 말한다. 이것은 은혜로만 가능한 일이다. 우리도 주님과 같은 순종의 삶을 살기 위해 그리스도의 능력을 인정할 때 가능한 일이다. 우리의 포도나무이신 그리스도를 믿을 때 가능한 일이다. 가능케 하시고 정결케 하시는 그 분의 능력을 믿을 때 비로소 우리는 믿음으로 순종할 수 있다. 또한 그의 사랑 안에 거하는 삶을 살 수가 있다.

너희도 내 계명을 지키면 내 사랑 안에 거하리라 - 천국 생명의 신비를 밝히 보여주시는 분이 바로 천국의 포도나무이신 그리스도시다. 그 분은 그 분 안에 거하는 자들에게 자신의 사랑 안에 거하는 비밀을 밝히 보여주신다. 그 분의 뜻을 이행하기 위해서 온 마음을 다해 순종할 때, 그 사랑 안에 거하는 기쁨을 누릴 수 있다.

은혜가 풍성하신 주님,
순종의 교훈과 겸함의 교훈을 제게 가르쳐 주옵소서. 오직 당신의 뜻을 이해할 때 당신의 마음도 알 수 있습니다.
오직 당신의 뜻을 행할 때
당신의 사랑 안에 거할 수 있습니다.
주님! 주님을 의지하지 않고 저의 힘으로 하려는 것이 얼마나 무익한 행동인지 깨닫게 하여 주옵소서.
당신의 사랑 안에 거하기 위해서는,
반드시 당신의 능력 안에서 믿음으로 행해야 함을
깨닫게 하여 주옵소서.
그리고 그것을 실천하게 하여 주옵소서.
예수님 이름으로 기도합니다. 아멘.

22

너희도 나처럼

"내가 아버지의 계명을 지켜 그의 사랑 안에 거한 것같이 너희도 내 계명을 지키면 내 사랑 안에 거하리라"(요 15:10)

포도나무와 그 가지는 본질적으로 매우 흡사하다는 것을 여러 차례 언급하였다. 따라서 포도나무와 가지는 그 목적에 있어서도 매우 흡사할 수밖에 없다. 그리스도께서는 더 이상의 비유를 말씀하시지 않는 대신, 자신의 삶이 어떻게 우리 삶의 본이 되는지를 이해하기 쉽게 말씀하고 계신다. 예수님은 우리가 오직 순종에 의해서만 그의 사랑 안에 거할 수 있음을 이미 말씀하셨다. 그는 이제 자신이 아버지의 사랑 안에 거했던 비결 역시 순종이었음을 말씀하고 계신다. 포도나무이신 예수께서 그러셨던 것처럼 가지인 우리도 마찬가지이다. 그 분의 생명과 힘과 기쁨은 모두 아버지의 사랑 안에 있었다. 그리고 오직 순종에 의해 그 사랑 안에 거할 수 있었다. 우리 역시 그 분의 사랑 안에서 날마다 생명과 능력과 기쁨을 발견하게 된다. 우리가 그 분 안에 거할 수 있는 것 역시 오직 순종에 의해서만 가능한 것이다. 포도나무와의 완벽한 연합, 이것이 포도나무가지의 교훈 중 가장 값진 교훈이다. 포도나무이신 그리스도가 농부이신 아버지를 영화롭게 하는 것은 오직 순종으로 말미암는다. 마찬가지로 가지인 신자가 포도나무인 그리스도를 영화롭게 하는 것 역시 오직 순종으로 말미암는 것이다.

순종과 거함 - 이것이 그리스도의 삶의 법칙이었던 것처럼 또한 우리들의 삶의 법칙이 되어야 한다. 그 분은 모든 면에서 우리의 본이 되신다. 때문에 우리는 모든 면에 있어서 그 분과 같이 되어야 한다. 그 분은 자신이 걸었던 길을 우리도 걸을 수 있도록 길을 열어 놓으셨다. 그 분은 피조물의 첫 번째 의무인 '순종'이 아버지의 영광 안에 들어가고 아버지의 사랑 안에 거하는 유일한 길임을 가르쳐주시기 위해 친히 인간의 몸을 입으셨다. 그 분은 자신이 아버지의 계명을 지킴으로 아버지의 사랑 안에 거했던 것처럼, 우리에게도 그의 계명을 지킬 것을 요구하면서 우리를 격려하고 계신다. 친히 삶으로 순종의 본을 보여주신 것이다.

순종과 거함. 하나님의 명령과 그의 사랑 - 이것들은 서로 밀접한 관계를 갖고 있다. 그 분의 완전함은 바로 그 분의 뜻 자체이다. 그의 계명에서 밝히 드러나는 것처럼, 그 분의 뜻은 피조물이 하나님을 닮아가며 성장하도록 인도해주는 유일한 길이다. 그분의 뜻을 인정하고 행함으로, 우리 자신은 그 분과 더 깊은 교제를 갖게 된다. 아들이 세상에 오셨을 때, 그 사실을 교훈하기 위해 다음과 같이 말씀하셨던 것이다. "오 하나님, 저는 아버지의 뜻을 행하러 왔나이다." 여기에 바로 피조물의 존재의 의미가 있다. 아버지의 뜻을 행할 때 그 분과 더 깊은 교제를 가질 수 있기에, 이것은 곧 피조물의 축복인 것이다. 이 관계는 인간의 타락으로 인해 잃어버린 것이었다. 그런데 우리를 사랑하신 그리스도께서 이것을 회복시켜주기 위해 이 땅에 오셨던 것이다. 그 목적에 따라 천국의 포도나무이신 예수님이 아버지의 계명들을 지킴으로써 그의 사랑 안에 거하셨다. 때문에 우리도 아버지의 계명들을 지켜 그의 사랑 안에 거해야 하는 것이다.

너희도 나처럼 - 가지는 포도나무와 하나된 삶을 살아야 열매를 맺을 수 있다. 그와 같이 우리의 삶도 그리스도의 삶과 같아야 하는 것이다. 우리는 포도나무이신 예수님을 믿는 만큼 그 분 자신과 그분의 생명을 받아들일 수 있다. 때문에 "너희도 나처럼"이라고 포도나무이신 예수께서 말씀하신 것이다. 한 법칙, 한 본성, 한 열매. 거하는 삶의 비결인 이 순종의 교훈을 우리 주님으로부터 배우도록 하자. 단순하고 무조건적이면서도 전폭적인 순종이 나의 삶에서 거의 이루어지지 않고 있음을 고백하도록 하자. 우리가 불순종하여 아직 원수 되었을 때에 그리스도께서는 우리를 위해 죽으셨다. 그 분은 우리를 취하여 그의 사랑 안으로 들여 놓으셨다. 지금 우리는 그 분 안에 거하고 있다. 그 분은 우리에게 말씀하고 계신다. "순종해서 내 안에 거하라. 내가 아버지 안에 거하는 것처럼." 우리 자신을 기꺼이 즐거운 마음으로 드리자. 우리가 그 분의 사랑 안에 계속해서 거하도록 그 분이 지켜주실 것이다.

축복의 포도나무이신 주여.
가지인 제게 당신의 생명을 베풀어 주시고,
모든 것에 있어서 당신을 닮아가게 해주신 것을 감사합니다.
저 역시 주님과 같이 되기를 원합니다.
당신의 삶이 순종을 통해
아버지의 사랑 안에 거하는 것처럼
저 역시 순종으로 당신의 사랑 안에 거하기를 원합니다.
주여, 저를 도와 주옵소서.
순종만이 주님과 저를 하나로 묶어주는
확실한 끈이 됩니다.
"너희도 나처럼"이라고 말씀해주신
예수님 이름으로 기도합니다. 아멘.

23

기쁨

"내가 이것을 너희에게 이름은 내 기쁨이 너희 안에 있어
너희 기쁨을 충만하게 하려 함이니라"(요 15:11)

만일 누군가가 "내가 어떻게 하면 행복한 그리스도인이 될 수 있을까?"라고 묻는다면, 주님은 매우 간단하게 답하실 것이다. "내가 이것을 너희에게 이름은 내 기쁨이 너희 안에 있어 너희 기쁨을 충만하게 하려 함이니라."
"너희에게 나의 생명이 없다면, 나의 기쁨을 가질 수 없다. 내 안에 거하라. 그리고 나로 너희 안에 거하게 하라. 그리하면 나의 기쁨이 너희 안에 충만할 것이다." 건강한 삶은 기쁨과 즐거움으로 사는 삶이다. 그러기 위해서는 부러지지 않는 가지의 삶을 살아야 한다. 그럴 때 그 분의 충만한 기쁨을 누리며 살 수 있을 것이다.

그리스도 안에 온전히 거하는 것은 피곤한 긴장과 고달픈 수고를 요한다고 많은 그리스도인들이 생각하고 있다. 그리스도 안에 거하기 위해 우리 자신을 포기하지 않는 한 그것은 그럴 수밖에 없다. 그러한 사람들은 이 말씀 상반절의 의미를 아직 깨닫지 못한 것이다. "내가 참포도나무이다. 내가 모든 것을 책임지고 모든 것을 공급할 것이다. 나는 가지에게 아무것도 요구하지 않는다. 모든 것을 내게 전적으로 맡겨라. 나로 하여금 모든 것을 할 수 있게 하라. 그리하면 내가 가지에게 이루어져야 할 모든 것을 할 것이다. 가지를 지키고 보호할 것이다." 포도나무로 하여금 그와 같이 모든 일을 다 하게 한다는 것은 가지에게 무한한 기쁨이 아닌가? 매순간 우리를 지켜 주시고 우리의 삶을 유지시켜 주시는 분이 바로 하나님의 거룩하신 아들이라는 사실이 우리의 기쁨이 아니고 무엇이겠는가?

내 기쁨이 너희 안에 - 우리는 우리 안에 그리스도의 기쁨을 소유해야 한다. 그러면 그리스도의 기쁨이란 무엇인가? 사랑에 버금가는 기쁨은 없으며, 사랑 이외의 다른 기쁨은 없다. 그리스도는 자신이 아버지의 사랑 안에 거하는 것에 대해 말씀하시면서, 그와 동일한 사랑으로 우리를 사랑하고 계심을 말씀하셨다. 그 분의 기쁨이란 다름 아닌 사랑을 말하는 것이다. 그 기쁨은 사랑을 받는 것이고, 사랑하는 것이다. 사랑을 나누어 주는 기쁨이며 특별히 그 사랑을 죄인들에게 베풀어 주는 기쁨이다. 그 분이 우리와 나누기 원하는 것이 바로 이러한 기쁨이다. 하나님과 그 분으로부터 사랑을 받는 기쁨이며, 주위 사람들에게 그 사랑을 베푸는 기쁨이다. 이웃을 위해서 사는 기쁨인 것이다. 이것이 바로 진정한 가지가 되는 기쁨이다. 즉, 우리 자신을 포기하고 그 분의 사랑 안에 거하면서 다른 사람을 위해 열매를 맺는 기쁨인 것이다. 그분의 생명을 받아들이도록 하자. 포도나무이신 그분은 가지인 우리에게 생명을 주셨다. 때문에 그분의 기쁨은 곧 우리의 기쁨이 되는 것이다. 그의 기쁨이란 그의 사랑 안에 거하는 기쁨이며, 그와 같이 사랑하는 기쁨이며, 그의 사랑으로 사랑을 베푸는 기쁨이다.

너희 기쁨을 충만하게 하려 함이니라 - 우리를 완전한 기쁨으로 충만케 하려는 말씀이다. 하나님은 모든 기쁨의 유일한 원천이시다. 때문에 완전한 행복을 누리며 사는 유일한 길은 하나님의 기쁨을 소유하는 것이다. 이 사실을 이토록 끊임없이 상기시켜 줘야 한다는 사실은 매우 유감스런 일이다. 그만큼 많은 그리스도인들이 이 사실을 깨닫지 못한 현실을 나타내는 것이기 때문이다. 신앙생활이란 말로 형용할 수 없는 기쁨들로 매일 가득한 삶을 의미한다. 그런데도 왜 그렇게 많은 사람들이 그런 기쁨이 없다고 불평하는 것일까? 그것은 그리스도 안에, 또 그 분의 사랑 안에 거하는 것만이 최고의 기쁨이란 사실을 깨닫지 못하기 때문이다. 그리스도께서 가지인 당신을 통로로 삼아 멸망으로 치닫는 세상에 사랑을 베풀어 주실 것을 깨닫지 못하고 있기 때문이다. 그런 가지가 된다는 것이 얼마나 큰 기쁨인지를 깨닫지 못하고 있기 때문이다.

이와 같은 그리스도의 음성이 모든 젊은 그리스도인들의 마음에 와 닿기를 바란다. 그리하여 그 분의 기쁨만이 유일한 참 기쁨이라는 사실을 깨닫기 바란다. 그 분의 기쁨이 우리의 것이 되며, 우리의 마음을 채워줄 수 있다는 사실을 깨닫기 바란다. 그러한 기쁨의 삶을 살 수 있는 유일한 비결은 천국의 포도나무이신 그 분 안에 가지로 거하는 것뿐임을 깨닫기 바란다. 이 진리를 우리 마음 속 깊이 새겨두도록 하자. 주님의 충만한 기쁨을 누리지 못하는 한, 아직 천국 포도나무이신 그 분을 제대로 알지 못하는 것이다. 보다 충만한 기쁨을 얻기 위한 소원은 단순하게 그 분의 사랑 안에 거할 때 이루어진다.

주님. 당신의 기쁨이 우리의 기쁨입니다.
당신의 기쁨이 우리 안에 있으면,
우리 마음은 기쁨으로 충만할 것입니다.
은혜로우신 주님!
저를 당신의 기쁨으로 가득 채워 주옵소서.
하나님의 사랑과 축복으로 덧입혀 주옵소서.
그래서 이웃에게 주님의 사랑을 베풀고
축복해주는 기쁨을 누리게 하옵소서.
예수님 이름으로 기도합니다. 아멘.

24

서로 사랑하라

"내 계명은 곧.... 너희도 서로 사랑하라
하는 이것이니라"(요 15:12)

하나님은 사랑이시다. 그 분의 본질은 생명과 모든 복을 주시는 완전한 사랑이다. 모든 것을 그 아들에게 주시기 위해서 그 분은 사랑 안에서 아들을 낳으셨다. 그 사랑 안에서 그 분이 사람을 만드셨다. 그 분의 축복에 참여하게 하시려고 사람을 만드신 것이다.

그리스도께서는 하나님의 사랑의 아들이시다. 그 사랑을 지니고 있는 분이시며, 그 사랑의 계시자요 전달자시다. 그의 삶과 죽음 모두가 사랑이었다. 사랑이 곧 그의 삶이자 그가 우리에게 주는 생명이다. 그는 사랑하기 위해서, 우리 안에 그분의 사랑의 삶을 심어주기 위해서 사셨다. 그를 영접하는 모든 자들에게 자신을 기꺼이 내어주기 위해서 사셨다. 우리가 참포도나무에 관해 말하고자 할 때 가장 먼저 언급하는 개념이 바로 사랑이다. - 자신의 생명을 가지에게 베풀어주는 사랑.

성령은 곧 사랑의 영이다. 사랑을 통해 그리스도의 생명을 주시는 영이다. 구원이란 성령께서 우리를 정복하여 우리 속으로 가져오는 사랑인 것이다. 우리는 우리가 사랑을 소유하고 있는 만큼 구원을 소유하고 있는 것이다. 확실한 구원은 완전한 사랑이다.

그리스도께서는 "새 계명을 너희에게 주노니"라고 말씀하셨다. "이것은 내 계명이니" - 모든 것을 포함하는 한 계명이니 - "너희는 서로 사랑하라"고 말씀하신 것이다. 가지는 포도나무와 하나일 뿐만 아니라 모든 다른 가지들과도 하나이다. 그들은 동일한 영을 흡수하고, 한 몸을 형성하며, 한 열매를 맺는다. 때문에 그리스도의 동일한 사랑을 받아 하나가 된 그리스도인들이 서로 사랑하지 않는다는 것은 매우 부자연스러운 일이다. 그들이 하늘의 포도나무로부터 받은 생명은 다름 아닌 사랑이다. 그리고 그 분께서 우리 모두에게 요구하시는 것 또한 사랑이다. "너희가 서로 사랑하면 이로써 모든 사람이 너희가 내 제자인줄 알리라." 좋은 포도나무는 그것이 맺는 과실을 통해 알 수 있는 것처럼, 천국 포도나무의 성품은 그 제자들이 서로 사랑하는 것을 통해 판단할 수 있다.

당신은 이 계명에 온전히 순종하고 있는가? 당신의 '순종과 거함'이 여기에서 잘 드러나야 한다. 주님의 사랑 안에 거하는 것과 같이 당신의 형제들을 사랑하라. 순종의 서원은 사랑에서부터 시작되는 것이다. 서로 사랑하라. 가족들과의 교제가 거룩하고 부드럽고 그리스도의 사랑으로 충만한 교제가 되도록 하라. 당신 주변의 그리스도인들을 대할 때 항상 그리스도의 사랑의 영으로 대하도록 최선을 다하라. 당신의 삶과 행동을 통해 희생적 사랑을 실천하라. 자신을 헌신하여 그들의 필요를 늘 생각하고, 그들을 도우며 섬기도록 하라. 사랑의 수고를 아끼지 말라. 당신의 교회나 모임이 그리스도의 사랑의 결정체가 되도록 하라. 그리스도께서 당신 안에서 사시는 삶은 사랑 그 자체이다. 당신이 살고 있는 삶의 전부가 곧 사랑이 되도록 하라.

자연스럽고 간단하며 쉬운 것처럼 말하지만, 이렇게 사는 것이 물론 쉬운 것은 아니다. 따라서 우리가 가져야 할 마음가짐은 바로 이것이다. 아니 그리스도께서 그렇게 말씀하셨다. 계명에 순종해야 한다. 당신은 그 계명에 순종해야 하며, 그렇지 않으면 그분의 사랑 안에 거할 수 없다. 이것이 바로 그리스도께서 말씀하신 것이다.

지금까지 우리는 많은 시도와 실패를 거듭해왔다. 그리스도처럼 살 수 있는 가망은 없는 것처럼 보인다. 만약 이렇게 생각하는 사람이 있다면 그 비유의 첫 구절을 다시 한 번 새겨보기 바란다. "나는 참포도나무다. 가지인 너희가 필요로 하는 모든 것을 내가 주노라. 내가 가진 모든 것을 주노라."

과거의 실패와 현재의 연약함을 거울로 삼아 그것을 오히려 포도나무를 더욱 간절히 의지하는 기회로 삼으라. 그리스도는 사랑 그 자체이시다. 그 분은 주는 것을 좋아하신다. 그 분은 사랑을 주신다. 그 분은 자신이 사랑했던 것 같이 당신도 그렇게 사랑할 수 있도록 가르쳐 주실 것이다.

서로 사랑하라고 말씀하신 예수님!
당신은 모든 사랑의 근원이십니다.
당신께서 우리에게 주신 생명이 곧 사랑입니다.
당신의 새 계명은 "서로 사랑하라"는 것입니다.
우리가 당신의 제자된 표지 역시 사랑입니다.
저는 이 계명을 지키기 원합니다.
제자의 의무를 다하기 원합니다.
당신이 우리에게 보여주신 그 사랑으로
나 또한 당신을 사랑하고,
나의 형제들을 사랑하게 하여 주옵소서.
예수님 이름으로 기도합니다. 아멘.

25

내가 너희를 사랑한 것같이

"내 계명은 곧 내가 너희를 사랑한 것같이 너희도
서로 사랑하라 하는 이것이니라"(요 15:12)

우리 주님께서 "내가....한 것같이"라는 표현을 사용하신 것은 이번이 두 번째이다. 첫 번째는 아버지와 그리스도의 관계에 관한 것이었다. 그것은 그리스도께서 아버지의 계명을 지키고 그 분의 사랑 안에 거하는 것이었다. 그 말씀이 주는 교훈은 그와 같이 우리도 그 분의 사랑 안에 거하고 그리스도의 계명을 지켜야 한다는 것이다.

두 번째는 우리와 그리스도의 관계에 대한 것이다. 그 말씀이 주는 교훈은 우리 형제들에 대한 우리의 사랑의 법칙이다. "내가 너희를 사랑한 것같이 너희도 서로 사랑하라"는 것이 바로 그것이다. 첫 번째와 두 번째 표현 모두 우리들을 가르치실 목적으로 말씀하셨는데 강조점은 포도나무와 그 가지는 완전히 똑같다는 것이다.

내가 너희를 사랑한 것같이 - 그리스도께서 아버지의 계명을 지키고 우리들을 사랑하신 것처럼 우리 역시 그분의 계명을 지키며 형제를 사랑하는 것이 가능하다고 생각하는가? 그러한 시도는 실패와 낙심으로 끝날 것이 분명하지 않은가? 물론 두말 할 것도 없이 그렇다. 만일 그 명령을 우리의 힘으로만 수행하려 한다면 말이다. 우리는 먼저 포도나무와 가지에 관한 진리를 충분히 이해해야 한다. "내가....한 것같이"라는 말이 포도나무와 가지에 관한 비유 중에서 가장 중요한 교훈이라는 것을 우리는 깨닫고 있는가? 그것은 '우리가 무슨 일을 성취할 수 있는가'의 문제가 아니라 '그리스도께서 우리 안에 무슨 일을 이루실 것인가'의 문제를 말씀하고 있는 것이다.

이 고상하고도 거룩한 계명 - "내가 순종한 것같이 순종하라! 내가 사랑한 것같이 서로 사랑하라!" - 은 우리의 무능력을 깨닫게 해준다. 그 깨달음을 통해 포도나무가 우리를 위해 공급해 주는 모든 것이 얼마나 필수적이고 아름다운 것이며, 충분한 것인지를 깨우쳐 준다. 우리는 매순간 포도나무가 그 가지에게 하는 말을 듣게 될 것이다. "내가....한 것같이, 내가....한 것같이 나의 생명이 곧 너희의 생명이다. 너희는 나의 충만함을 누리게 될 것이다. 너희 속에 있는 성령과 너희로부터 나오는 열매들 모두 내 안에 있는 것들과 똑같은 것들이다. 두려워하지 말라. 너희 마음이 '내가....한 것 같이'라고 하는 거룩한 확신을 붙잡도록 하라. 내가 너희 안에 살고 있기 때문에 너희도 나처럼 살게 될 것이고 또 살 수 있다."

그러나 그것이 비유의 진짜 의미라고 한다면, 만약 그것이 가지로 살아야 하는 당연한 삶이라고 한다면, 왜 그토록 많은 사람들이 이 진리를 깨닫지 못하는 것일까?

그것은 그들이 포도나무에 관한 천국의 비밀을 알지 못하기 때문이다. 그들은 비유와 비유들이 전하는 아름다운 교훈에 관해서는 잘 알고 있다. 그러나 그 분의 전지전능과 무소부재하심 가운데 있는 포도나무의 영적 비밀에 대해서는 알지 못한다. 그 분께서 온종일 우리에게 양분을 공급해주고 있다는 사실도 깨닫지 못한다. 왜냐하면 그러한 것들을 우리에게 알게 해주시는 하나님의 영을 바라고 의지하지 않기 때문이다.

내가 너희를 사랑한 것같이 너희도 서로 사랑하라 - 우리가 "내가....한 것같이"의 비밀을 배우려면 어떻게 해야 할까? 먼저 우리에게는 완전히 새로운 양식의 삶이 필요하다는 것을 고백하는 것으로서 그 일을 시작해야 할 것이다. 왜냐하면 지금까지 하나님의 능력 안에서 소생시키고 변화시키는, 포도나무이신 그리스도를 온전히 알고 의지하지 못했기 때문이다. 또한 이기적인 것과 세속적인 것으로부터 자신을 깨끗하게 해야 한다. 그리하여 그리스도께서 하나님의 영광을 위해 살았던 것과 같은 삶을 살아야 한다. 또한 "내가....한 것같이"라는 말씀은 그리스도가 실제로 그렇게 해주신다는 뜻임을 믿는 것이다. 그 분을 전적으로 의지하는 한 포도나무는 가지의 생명을 유지시켜 줄 것이다.

"내가....한 것같이"라고 말씀하신 주님,
포도나무와 가지는 한 생명이고 한 영이며,
같은 기쁨과 같은 사랑임을 다시 한 번 고백합니다.
사랑의 주 예수님,
당신이 나의 포도나무시며,
저는 당신의 가지라는 믿음을 갖기 원합니다.
이것을 당신이 약속하신 계명으로 믿기를 원합니다.
"내가....한 것같이"라는 말씀이 당신이 내 속에서
역사하심을 계시하는 말씀으로 확실히 믿기를 원합니다.
주께서 사랑하셨던 것처럼,
저도 사랑하기 원합니다. 도와 주세요.
예수님 이름으로 기도합니다. 아멘.

26

그리스도의 우정: 그 기원

"사람이 친구를 위하여 자기 목숨을 버리면 이에서
더 큰 사랑이 없나니"(요 15:13)

다음의 세 구절에서 우리 주님은 '우정'이라는 새로운 관점에서 당신의 계시를 제자들에게 설명해주고 있다. 그 분은 당신 쪽에 기원을 가지고 있는 사랑과(13절), 우리 쪽에서 지켜야 할 순종(14절), 그리고 그 우정이 우리를 거룩한 친밀함으로 이끌고 가고 있음(15절)을 지적해 주고 있다.

그리스도와 우리의 관계는 사랑의 관계이다. 이전에 우리에게 말씀하신 것처럼, 그 분의 사랑은 하늘의 영광 가운데 있었던 것이며, 아버지께서 그 분을 사랑하신 것과 같은 사랑임을 보여주셨다. 여기서 우리는 그 사랑이 이 땅에서 나타났음을 보게 된다. - 즉 우리를 위해 그의 생명을 내어 주신 것이다.

"사람이 친구를 위하여 자기 목숨을 버리면 이에서 더 큰 사랑이 없나니." - 그리스도는 포도나무로서 우리를 위해 베풀고자 하셨던 신비한 능력이 바로 사랑이라는 점을 우리에게 알려주고자 하신다. 우리가 이것을 믿게 될 때, 그 능력 안에서 살아야 함을 깨닫게 된다. 그리고 우리 안에 받아들여야만 하는 신적인 생명이 여기 있음을 알게 된다. 그리스도와 그의 사랑은 불가분의 관계이다. 그것은 사실상 동일한 것이다. 하나님은 사랑이시고 그리스도 또한 사랑이시다. 하나님과 그리스도와 사랑은 우리 속에 역사하는 생명과 능력으로 그것들을 체험해볼 때 비로소 이해할 수 있다. 그것은 곧 영생이다. 이 생명을 소유하지 않고서는 하나님을 알 수 없다. 우리 안에서 역사하는 생명만이 하나님을 아는 지식을 준다. 사랑도 그와 마찬가지이다. 우리가 사랑을 알고자 한다면 우리는 생수를 마셔야 한다. 생수가 성령으로 말미암아 우리 마음속에 부어지도록 해야 한다.

"사람이 친구를 위하여 자기 목숨을 버리면 이에서 더 큰 사랑이 없나니." - 생명은 인간이 가지고 있는 것 중 가장 소중한 것이다. 생명은 곧 그의 전부를 의미한다. 그 생명이 곧 자신인 것이다. 생명은 가장 고차원적인 사랑이다. 사람이 자기 생명을 줄 때, 그는 상대방으로부터 아무것도 취하지 않는다. 그는 그가 가진 모든 것과 그 자신을 주는 것이다. 바로 이 점이 그리스도께서 포도나무의 비밀에 관하여 우리에게 명확히 알려주시고자 하는 점이다. 그 분은 그가 가진 모든 것과 자기 자신을 내어 주셨으며, 우리 마음대로 처분하게 하였다. 그 분은 우리가 자신을 우리의 것으로 받아들이기를 원하신다. 그 분은 전적으로 우리의 소유가 되기를 원하신다. 그럴 때에 우리 또한 전적으로 그 분의 소유가 될 것이다. 그 분은 일시적인 죽음을 통해 자신의 생명을 우리를 위해 주셨을 뿐만 아니라, 영원토록 자신을 우리의 것으로 주셨다. 우리의 생명을 위해 자신의 생명을 주신 것이다. 우리로 하여금 우리의 생명을 그에게 바치도록 하기 위해, 그 분의 생명을 우리에게 주신 것이다. 이것이 바로 놀라운 일체

성과 완전한 연합을 이루고 있는 포도나무와 가지의 비유가 가르치는 교훈이다.

알다시피 우리의 삶이 천국 포도나무 가지의 삶이 되어야 한다는 사실을 깨닫게 되는 것은 이성이나 상상에 의한 것이 아니다. 마음과 생명에 의한 것이다. 그 분은 우리가 그 분 안에 있는 생명을 발견하도록 하시기 위해서 스스로 생명을 내놓았고 자신을 드렸다. 이것이 바로 참포도나무이다. 이 포도나무는 우리 안에 살기 위해서 존재하고 있다. 이것이 바로 그리스도가 우리를 부르는 거룩한 우정의 시작이요 근원이다. 참으로 위대한 경건의 비밀이다! 우리의 무지와 불신앙을 회개하도록 하자. 그 비밀을 배우기 위해 우리의 생각과 노력을 내려놓도록 하자. 그것을 가르쳐주기 위해 우리 안에 내주하시는 성령님의 인도를 기다리자. 우리를 위해 생명을 주시는 그 분의 무한한 사랑을 신뢰하자. 우리 스스로를 완전히 그분의 소유로 드림으로서 온전한 기쁨을 누리도록 하자.

친구를 위한 희생을 몸소 보여주신 주님.
가지에게 자기 생명을 주는
포도나무의 교훈은 얼마나 놀라운 것입니까!
주님은 자신의 생명을 친구들을 위해 내어주셨습니다.
그로 인해 그 사랑이 그들 속에 주어졌습니다.
천국의 포도나무이신 주님,
당신이 얼마나 간절히 제 안에 거하기 원하시는지
제게 가르쳐 주옵소서.
예수님 이름으로 기도합니다. 아멘.

27

그리스도의 우정: 그 증거

"너희가 나의 명하는 대로 행하면
곧 나의 친구라"(요 15:14)

우리 주님은 그가 자신의 우정에 대한 증거로 제시하신 것에 대해 말씀하셨다. 그는 우리를 위해 자신의 생명을 주셨다. 이제 그 분은 우리 편에서 해야 하는 일에 대해 말씀하고 계신다. 즉 그가 명하신 계명들을 수행하는 것이다. 그 분은 우리 안에서 우리를 다스리게 될 그 분의 사랑을 자신의 생명을 통해 심어놓으셨다. 그 분의 사랑이 요구하며 기대하는 우리의 반응은 우리가 그의 명령을 행하는 것이다. 우리는 그 분이 죽기까지 사랑하신 것을 알고 있다. 때문에 우리는 기쁨으로 그 계명들에 순종해야 한다. 그 계명들에 우리가 순종할 때에, 우리는 그 사랑을 더욱 풍성히 알게 될 것이다. 그리스도께서는 이미 "너희도 내 계명을 지키면 내 사랑 안에 거하리라"고 말씀하신 바 있다. 그 분은 그 진리를 되새기는 것이 필요하다고 말씀하셨다. 그 분의 사랑에 대한 우리 신앙의 한 가지 증거, 즉 그 안에 거하는 한 가지 방법은 바로 그 분이 우리에게 명하신 것들을 실행하는 것이다. 진정한 가지가 되었다는 한 가지 표시는 바로 그 분이 우리에게 명하신 것들을 다 행하는 것이다. 그 분은 우리를 위해 자신의 생명을 완전히 드림으로 우정을 시작하셨다. 그렇기 때문에 그 분은 우리에게 무엇이든 요구하실 수 있다. 바로 이것이 그의 우정에서의 생명이다.

순종이 절대적으로 필요하다고 하는 이 진리, 즉 우리에게 명하신 모든 것들을 행해야 한다는 진리는 많은 그리스도인들의 삶 속에 그다지 뿌리내리지 못한 것이 사실이다. 우리는 의무보다는 권리에 훨씬 많은 관심을 가지고 있다. 절대복종을 알게 모르게 참된 제자의 도로 간주하지 않는 것도 사실이다. 그가 명령한 것을 다 이행하는 것은 도저히 불가능하다고 하는 생각, 따라서 그 명령이 이행할 수 있다고 기대하지 않는 태도, 죄인은 죄를 지을 수밖에 없다고 하는 이상한 생각 등이 순종의 교훈과 약속을 빼앗아가곤 하였다. 그리하여 그리스도와의 관계가 분명하지 못한 채 침체되었던 것이다. 그의 가르침에 대한 갈급한 심정이나 그의 음성을 듣고 순종하고자 하는 의지, 순종으로 그의 사랑과 우정을 체험하고자 하는 마음들이 그 뼈아픈 실수로 인하여 약화되었던 것이다. 진정한 친구의 자세로 돌아가 그리스도의 말씀을 문자 그대로 인정하자. 그리하여 "너희가 나의 명하는 대로 행하면 곧 나의 친구라"고 하는 말씀을 우리의 생활규범으로 삼도록 하자. 주님은 우리가 진실된 마음으로 "예 주님, 주께서 명하시는 것들을 제가 하겠습니다"라고 대답하는 것 이외의 다른 것을 기대하시지 않는다.

이러한 명령들은 우정에 대한 증거로 이행되어야 하는 것들이다. 이 명령들을 이행할 수 있느냐 없느냐 하는 것은 전적으로 예수님과의 개인적인 관계에 달려 있다. 다른 사람을 위해서라면 할 수 없는 것이라도 친구 되신 예수님을 위해서 할 수 있는 것이다. 우리를 향한 예수님의 우정은 매우 신령하고 놀라운 것이다. 그것은 우리를 사로잡는 하나님의 능력으로 우리에게 찾아온다. 그 분과의 끊임없는 교제야말로 그러한 우정을 지속시키는 관건이 된다. 또한 그분의 우정은 기쁨과 사랑을 가져다주는데, 그러한 기쁨과 사랑이 있을 때 우리는 기꺼이 순종할 수 있게 된다.

예수님과의 우정을 요구할 수 있는 자유, 그것을 즐기며 누릴 수 있는 능력, 모든 은혜 가운데 그것을 체험 할 수 있는 은혜 - 아이러니컬하게도 이 모든 것들은 우리가 그의 명하신 것들을 행할 때에 오게 되는 것들이다.

주님은 자신의 목숨을 내어 줌으로 우리에게 지극한 사랑을 나타내셨다. 그렇다면 주님 자신을 계시해 보여 달라고 하는 간구가 지금 우리에게 필요한 것이 아니겠는가? 그 분이 우리에게 하시는 말씀을 들어보라. "너는 나의 친구라." 우리의 친구 되신 주님께서 우리를 위해 이루어 놓으신 것들을 알 수 있도록 기도하라. 우리를 친구라고 불러주시는 이 말로 형용할 수 없는 축복을 깨달을 수 있도록 간구하라. 그것을 깨달을 때, 그의 계명들을 행하는 것은 우리 삶의 자연스런 열매가 될 것이다. 우리는 이렇게 말하기를 주저하지 않게 될 것이다. "예 주님, 우리는 당신의 친구입니다. 그리고 우리에게 명하신 것들을 기꺼이 이행하겠습니다."

"만일 네가 행하면." 그렇습니다.
주님. 우리의 축복은 행하는 데에 있습니다.
당신의 사랑 안에 거하는 것도,
당신과 우정을 즐길 수 있는 것도 행함에 있습니다.
"만일 네가 나의 명한 것들을 행하면!"
오 나의 주님, 당신의 거룩한 우정이 나를 당신의
모든 사랑의 명령 가운데로 이끌게 하여 주옵소서.
그 명령들을 행함으로 당신과 더욱 깊은 우정을
나눌 수 있게 하여 주옵소서.
예수님 이름으로 기도합니다. 아멘.

28

그리스도의 우정: 그 친밀함

"이제부터는 너희를 종이라 하지 아니하리니 종은 주인의 하는 것을
알지 못함이라 너희를 친구라 하였노니 내가 내 아버지께
들은 것을 다 너희에게 알게 하였음이니라"(요 15:15)

참된 우정의 가장 확실한 증거는 바로 친밀함에 있다. 이 친밀함은 곧 아무것도 바라지 않고 우리 마음 속의 가장 깊은 비밀까지도 함께 나누는 친구가 되는 것을 말한다. 그리스도와의 이러한 친밀함은 축복의 근원이 된다.

그리스도의 종이 된다는 것은 복된 일이다. 그의 구속의 은혜를 입은 자들은 자기들 스스로를 그의 종이라고 부르기를 기뻐한다. 그런데 우리 주님은 그의 위대한 사랑으로 지금 말씀하신다. "이제부터는 너희를 종이라 하지 아니하리니." 성령 강림으로 인해 새로운 시대가 도래한 것이다. "종은 주인의 하는 것을 알지 못함이라" - 종은 그저 복종할 뿐이다. "너희를 친구라 하였노니 내가 내 아버지께 들은 것을 다 너희에게 알게 하였음이니라." 아버지께서 그리스도에게 맡기신 모든 비밀을 그리스도의 친구들은 그와 더불어 함께 나눈다.

이것이 무엇을 의미하는지 생각해보자. 그리스도인들이 아버지의 명하신 것들을 지킨다고 할 때 그것은 단지 성경에 적힌 것들만 지키는 것을 의미하지 않는다. 그것은 매일 매 시간마다 그 분과의 교제를 통해 깨닫는 특별한 계명들까지도 포함하는 것이다. 그 분은 다음과 같이 말씀하셨다. "아버지께서 아들을 사랑하셔서 그에게 자신이 한 모든 것을 보여 주셨느니라. 그는 아들에게 더 위대한 것도 보여 주시리라." 그리스도께서 하신 모든 일들이 곧 하나님의 사역이었다. 하나님께서는 자신의 뜻을 하나도 빠짐없이 그리스도께 보여주셨다. 그 분은 아버지의 뜻과 목적을 수행할 때, 사람들이 종종 하는 것처럼 맹목적으로 또는 맹신적으로 한 것이 아니라, 충분한 이해와 증거를 갖고 하신 것이다. 하나님의 결정에 언제나 함께하는 자로서, 그분은 하나님의 계획을 언제나 알고 계셨다.

그리스도의 친구가 된다는 것은 참된 축복이 아닐 수 없다. 좋은 주인의 말씀에 숨겨진 뜻과 목적에 대해 전부 이해하지 못한다. 그저 시키는 대로, 알아들은 만큼만 시행할 뿐이다. 그러나 우리는 그리스도의 친구로 인정받았기에 하나님의 깊은 뜻을 이해할 수 있다.

오순절 성령강림 사건 이후부터 그의 제자들은 성령에 의해 하늘의 신령한 비밀을 알 수 있게 되었다. 이제까지는 단지 비유로만 말씀하셨던 것들을 이해할 수 있게 되었다.

우정이란 곧 교제하는 것을 말한다. 친구들은 늘 함께 모여 이야기를 나눈다. 참된 친구들은 서로를 믿기 때문에, 다른 사람들에게 알리고 싶지 않은 문제들까지 함께 나눈다. 무엇이 그리스도인들로 하여금 이렇듯 친밀한 교제를 예수님과 나누게 하는 것일까? 그것은 바로 그리스도인들에게 주어진 영적인 능력 때문이다. 그것은 아버지께서 아들에게 보여주셨던 것이다. "너희가 나의 명하는 대로 행하면 곧 나의 친구라." 사랑에서 우러나오는 순종이 영혼을 정화시키는 것이다. 그것은 계명에 대한 순종만이 아니라, 매일의 삶에 말씀을 적용시키는 것까지 포함한다. 바로 주님 자신이 말씀을 적용하는 삶을 사셨던 것이다. 겸손과 순종으로 이러한 삶을 산다면 영혼은 더욱 친밀한 교제를 나눌 수 있고, 매일의 삶에서 다음과 같은 말씀을 체험하며 살게 될 것이다. "너희를 친구라 하였노니 내가 내 아버지께 들은 것을 다 너희에게 알게 하였음이니라."

"너희를 친구라 하였노니…"
이 얼마나 말로 다 형용할 수 없는 영광입니까!
이것이야말로 하늘의 특권이 아닙니까!
오 주여, 이런 영광과 특권을 주심에 감사합니다.
제 영혼에 성령의 능력으로 말씀하여 주옵소서.
"내가 너희를 나의 친구라 하였노라,
나는 너희를 사랑하며, 신뢰하노라.
내 아버지와 나 사이의 은밀한 것들을
너희에게 다 알게 하겠노라."
예수님 이름으로 기도합니다. 아멘.

29

선택

"너희가 나를 택한 것이 아니요 내가 너희를 택하여 세웠나니
이는 너희로 가서 과실을 맺게 하고"(요 15:15)

가지는 자기가 어느 포도나무에서 자라고 살 것인지를 선택할 수 없다. 가지가 나무를 택하는 것이 아니요 나무가 가지를 내는 것이다. 그래서 예수님께서도 "너희가 나를 택한 것이 아니요 내가 너희를 택하여 세웠나니"라고 말씀하셨다. 어떤 사람은 이렇게 말할지도 모르겠다. "가

지에도 자연 상태에 있는 가지가 있는가 하면 영적인 세계의 가지가 있지 않나요? 사람에겐 선택할 의지와 능력이 있기 때문에 예수님을 구주로 영접하는 문제는 전적으로 사람에게 달려있는 것 아닌가요?" 이 말이 옳은 말이긴 하다. 그러나 이 말은 절반정도만 진리이다. 포도나무 교훈과 우리 주님의 가르침은 더 깊고 심오한 다른 절반의 진리를 지적하고 있다. 그것은 우리의 모든 삶이 "그리스도 안에서" 이루어진다는 것이다. 만일 그 분이 먼저 우리를 선택해주시지 않았더라면, 우리는 결코 그 분을 선택할 수 없었다. 그 분이 우리를 선택해주시고 붙잡아 주신 결과 우리가 그 분을 선택할 수 있는 것이다. 자연적인 이치를 봐도 가지를 선택하고 만들어 내는 것은 나무의 권한이다. 가지가 나무를 먼저 선택해서 깃드는 것이 아니다. 우리 모두는 이처럼 나무이신 주님의 "은혜로운 선택"에 빚을 지고 있다. 참포도나무이신 그리스도를 알기 원하는가? 생명 있는 가지의 유일한 기원과 능력이 무엇인지 알기 원하는가? 가장 완전하고 복되시며 안전한 그 분께 의지하기를 원하는가? 그렇다면 "너희가 나를 택한 것이 아니요 내가 너희를 택하여 세웠나니"라는 이 복된 진리를 깊이 깨달아야 한다.

그러면 예수님께서는 어떤 목적으로 이 말씀을 하신 것인가? 그것은 예수께서 우리를 택하신 목적이 무엇인지 우리가 분명히 알도록 하기 위함이다. 또한 그분의 선택을 믿는 믿음으로 우리의 삶을 영위해가도록 하기 위한 것이다. 성경 전체를 통해서 볼 때 이것이 바로 선택 교리의 위대한 목적이다. "그 아들의 형상을 따라 예정하사"(포도나무의 형상을 따라 가지가 되도록 예정하사). "우리가 거룩해지도록 선택받아", "구원을 위하여 선택받아 성령으로 정결케 되사", "성령의 정결케 하심과 순종하심으로 선택받은 자"가 바로 그리스도인인 것이다. 어떤 사람들은 선택 교리를 남용하기도 하고, 어떤 사람은 남용에 대한 두려움으로 그것을 거부하기도 한다. 이들은 선택 교리를 나타내는 계시와 그것이 그리스도인의 삶에 가져다주는 축복을 받아들이지 않는다. 그 은밀한 영적 기원과 말로 다 형용할 수 없는 하나님의 신비에 대해 스스로 마음을 닫아 버리는 것이다.

선택 교리가 얼마나 복된 것인가 생각해 보라. 이 구절에서 그리스도는 그 분의 가지가 되게 하기 위해 우리를 선택하신 것에 대한 이중적 목적을 보여주신다. 그 이중적 목적은 우리가 이 땅에서 열매를 맺는 것과 기도의 능력을 갖는 것이다. 이 일들을 위해 그 분이 우리를 선택하셨다. 그 분은 자신의 목적을 완벽히 수행해낼 수 있도록 우리를 철저히 준비시키는 일에 결코 실패하지 않으신다. 이것을 생각할 때에 얼마나 담대함을 얻는가! 우리가 장차 많은 열매를 맺을 것이며, 그것을 위해 기도할 수 있다는 것을 생각할 때 얼마나 확신에 차게 되는가! 한없이 겸손하게 하시고 찬양하게 하시며, 완전히 주님을 의지하고 바라도록 하기 위해 얼마나 끊임없이 우리를 불러 주시는가! 그 분은 우리가 감당치 못하는 일을 위해 우리를 부르지 않으셨다. 우리가 준비할 수 없는 일들을 위해 우리를 부르신 것이 아니다. 그 분은 우리를 부르셨고, 그것은 바로 우리의 특권이다. 그 분은 우리 안에서 모든 것을 이루실 것이다.

거룩한 포도나무이신 주님께서 우리 각자에게 말씀하시는 영혼의 소리를 들어보자. "네가 나를 선택한 것이 아니다!" 이 말씀을 듣는다면 이렇게 응답하자. "예 그렇습니다, 주님. 우리가 당신을 선택하지 않았습니다. 주님이 우리를 선택하셨습니다. 아멘!" 이 말씀이 의미하는 참뜻을 깨닫게 해달라고 그 분께 간구하자. 가지인 당신의 생명은 참포도나무이신 그 분 안에서 신적인 기원과 영원한 보장을 얻는다. 그 안에서 그 분의 목적을 이룰 수 있는 능력을 얻게 되는 것이다. 사랑과 은혜를 주신 그 분에게 당신은 모든 것을 기대할 수 있다. 그분의 목적과 능력, 신실하심과 사랑 안에 늘 거하도록 하자.

"내가 너희를 택하여 세웠나니."
주여, 이 말씀이 무엇을 의미하는지 제게 알려주옵소서.
주님의 마음을 제게 심어 주옵소서.
주께서 열매를 맺게 하시려고 저를 선택하셨나이다.
그것을 위해 제가 당신 안에 거하게 하시고,
응답받는 기도를 하게 하셨나이다.
당신의 이 영원한 목적 안에서
제 영혼이 쉼을 얻을 수 있음에 감사합니다.
주께서 저를 택하여 주신 목적대로
저는 되고자 할 것입니다.
그렇게 될 수 있고 또 될 것입니다.
예수님 이름으로 기도합니다. 아멘.

30

항상 열매를 맺으라

"너희가 나를 택한 것이 아니요 내가 너희를 택하여 세
웠나니 이는 너희로 가서 과실을 맺게 하고 또 너희
과실이 항상 있게 하여"(요 15:15)

어떤 과일들은 오래 가지 못한다. 배나 사과와 같은 종
류의 과일들은 얼른 먹지 않으면 상해버리고 만다. 반면
에 이듬해까지 상하지 않는 과일들도 있다. 이처럼 그리
스도인의 열매 중에서도 오래가지 못하는 것들이 있다.
일시적인 즐거움과 유익을 주기도 하지만, 세상 권세나

교회의 능력에 지속적으로 영향을 주지 못하는 열매들이다. 그런가 하면 세대를 걸쳐 오랫동안, 심지어는 영원히 그 자취를 남기는 사역들도 있다. 그런 일들을 통해 하나님의 능력은 오랫동안 세상에 나타난다. 사도 바울이 두 가지 스타일의 사역에 대한 비교를 통해 두 종류의 열매를 표현하였다. "내 말과 내 전도함이 지혜의 권하는 말로 하지 아니하고 다만 성령의 나타나심과 능력으로 하여 너희 믿음이 사람의 지혜에 있지 아니하고 다만 하나님의 능력에 있게 하려 하였노라." 바울이 말한 바와 같이 사람의 지혜와 힘으로 하면 할수록, 그 사역은 불안하다. 언제 무너질지 모른다. 반면에 하나님의 영으로 하면 할수록, 그 사역은 하나님의 능력 안에서 영원히 서게 된다. 시간이 지나도 그 사역의 능력은 굳게 서 있는 것이다.

열매를 보면 나무의 상태를 알 수 있다. 항상 많은 열매를 맺는 비결은 무엇인가? 그 답은 아주 간단하다. 우리가 항상 열매를 맺으려면 늘 그 분 안에 있어야 한다. 우리의 생활 전부가 그 분 안에서 이루어져야 하는 것이다. 하나님을 의지하지 않는 모든 인간적인 생각과 노력을 제하여 버리고 깨끗하게 하면 할수록 성령께서는 우리를 바른 길로 인도하신다. 즉 온전히 그리스도 안에 거하면 거할수록 열매는 우리 앞에 늘 있을 것이다.

이 얼마나 복된 일인가! 그 분께서 당신을 택해주시고 열매를 맺게 할 뿐만 아니라, 그 열매가 항상 있게 하시다니! 열매가 항상 있지 않는 가지는 그 분이 바라시는 것이 결코 아니다. 주님의 선택의 은혜 속에 거하면 거할수록, 나와 다른 사람들을 위한 영생 얻는 열매를 맺을 수 있다는 확신이 더욱 더 분명해진다. 나를 사랑하여 선택해주신 목적을 깊이 알면 알수록, 영원 전부터 있었던 그 목적에 따라 영원에 이르는 열매를 맺는 방법을 깨닫게 될 것이다. 그 목적은 그 분 자신의 목적으로, 그 분께서 친히 이루실 것이다. 그 분 자신의 열매를 그 분께서 친히 맺으실 것이다. 거함 역시 그 분께서 하시는 일로, 그 분이 친히 거하는 삶을 유지하실 것이다.

그리스도를 주로 고백하는 사람이라면 누구나 자기 자신에게 잠시 물어보라. 당신은 과연 자신의 삶 주변에 영원한 자취를 남기고 있는가? 이러한 자취를 남기게 하는 것은 당신의 설교나 가르침, 당신의 의지나 또는 영향력이 결코 아니다. 이 모든 것은 하나님과 그 분의 능력으로 당신의 삶이 충만한가에 달려 있다. 그것은 그리스도와 밀접한 우정 가운데 거하는 가지로서의 삶을 살고 있는가에 달려 있는 것이다. 이것이 바로 그 분 안에서 많은 열매를 맺는 가지가 되는 길이다.

복되신 주님! 많은 열매를 맺게 하시려고 당신께서 저를 선택하셨다는 사실을 제 영혼에 밝히 보여주옵소서. 당신의 목적을 이루시기 위해 저를 선택하셨다는 확신을 주옵소서. 그 모든 것과 제 자신까지도 당신께 드리는 것이 저의 능력이 되게 하옵소서. 당신께서 당신이 시작하신 일을 완벽히 이루실 것을 믿습니다. 당신의 사랑 안에 거할 수 있도록 저를 이끌어 주옵소서. 주님의 영원한 목적이 확실히 이루어질 것을 알게 하시고, 제가 영원의 능력에 사로잡혀 늘 많은 열매를 맺게 하옵소서.

천국의 포도나무이신 주님!
더욱 많은 열매, 더욱 풍성한 열매를
당신께서 주시고자 한다는 것을
제 영혼이 깨닫게 해주심을 감사합니다.
우리를 축복해주시는 주님, 제가 여기 있나이다.
저를 통해 당신의 목적을 이루어 주옵소서.
제가 당신의 영광을 위해 많은 열매를 맺게 하시고
그 열매가 항상 있게 하여 주옵소서.
예수님 이름으로 기도합니다. 아멘.

31

응답받는 기도

"너희가 나를 택한 것이 아니요 내가 너희를 택하여 세웠나니 이는 너희로 가서 과실을 맺게 하고 또 너희 과실이 항상 있게 하여 내 이름으로 아버지께 무엇을 구하든지 다 받게 하려 함이니라"(요 15:15)

이 포도나무 비유의 첫 구절에서 그리스도는 자신을 참포도나무로, 아버지를 농부로 비유하셨다. 그리고 우리 마음속에 아버지와 자신을 위한 자리를 요구하셨다. 이제 여기 마지막 구절에서는 그와 그의 아버지에 대한 모든 가르침을 요약하신다. 그것은 그가 우리를 선택하신 두 가지 목적에 대한 설명이다. 먼저, 포도나무이신 예수님과 관련해서는, 우리가 많은 열매를 맺어야 한다는 것이다. 그리고 아버지 하나님과 관련해서는, 우리가 그리스도의 이름으로 무엇을 구하든지 하늘 아버지에 의해 다 이루어진다는 것이다. 열매가 그리스도와의 관계를 보여주는 큰 증거가 되는 것처럼, 기도는 아버지와의 관계를 보여주는 증거이다. 그 아들 안에서 풍성한 열매를 맺는 것과 아버지께 응답받는 기도를 드리는 것은 참된 그리스도인들의 생활에 있어서 두 가지 핵심 요소이다.

내 이름으로 아버지께 무엇을 구하든지 다 받게 하려 함이니라 - 이 말씀은 포도나무 비유의 마지막 구절이다. 포도나무와 그 가지의 신비중 하나는 바로 아버지께 무엇이든지 구하면 다 주신다는 것이다. 이제 여기서 우리 삶에 기도가 부족한 이유와, 기도의 능력을 체험하지 못하는 이유를 살펴보도록 하자. 그것은 우리가 참된 가지의 삶을 제대로 살지 못하고 있기 때문이다. 또한 우리 자신이 전적으로 포도나무를 의지하지 않으며, 전적으로 그분 안에 거하지 않기 때문이다. 우리는 기도의 필요성, 기도의 절실함을 별로 느끼지 않는 것 같다. 우리는 하나님의 보물창고 열쇠로서 그리스도의 이름을 제대로 사용하지 않고 있다. 이 땅에 심겨진 포도나무는 천국에까지 닿아 있다. 그런데 우리의 기도가 그 포도나무를 통해 천국에까지 닿으려면, 우리 영혼이 전적으로 그리고 끈질기게 그 포도나무 안에 거해야 한다. 이 비유가 제시하고 있는 가르침과 진리 그리고 포도나무의 교훈에 대한 우리의 믿음은, 응답받는 기도의 능력으로 나타나야 한다. 거함과 순종의 삶, 사랑과 기쁨의 삶, 풍성한 열매를 맺는 삶 등은 응답받는 기도의 능력으로 연결된다.

무엇을 구하든지 - 이 약속은 참포도나무와 같이 그의 형제를 위해 자신을 온전히 드릴 준비가 되어 있는 제자들에게 주어졌다. 이 약속은 그들이 사역을 가능케 하는 원동력이 된다. 그들은 이 약속을 문자 그대로 받아들였다. 이 약속을 믿고 사용했다. 결국 그들은 이 약속이 진리임을 체험하였다. 그들과 같이 참포도나무 가지인 우리가 그 분의 형상을 통해 사람을 구원하는 일에 자신을 온전히 드리도록 하자. 많은 열매로 하나님께 영광 돌리는 일에 우리 자신을 온전히 드리도록 하자. 그럴 때 우리는 기도의 필요성을 깨닫게 될 것이다. "무엇이든지 구하라"는 말씀 위에서 날마다 기도할 수 있는 새로운 능력을 얻게 될 것이다. 그 약속 가운데 우리에게 왕의 창고가 주어졌고, 그 열쇠 또한 우리 손에 있다는 놀라운 사실을 깨닫게 될 것이다. 때문에 우리는 멸망 가운데 죽어가고 있는 자들을 위한 생명의 떡과 축복을 받기 전까지 결코 쉴 수가 없다.

"내가 너희를 택하여 세웠나니 이는 너희로 가서 과실을 맺게 하고 또 너희 과실이 항상 있게 하여 내 이름으로 아버지께 무엇을 구하든지 다 받게 하려 함이니라." 사랑하는 제자들이여, 다른 무엇보다 기도의 사람이 되기 위해 힘쓰라. 기도는 포도나무 가지인 당신의 특권을 최고로 활용하는 것이다. 기도에 하나님과 그 아들의 형상을 따라 새롭게 된 당신의 증거가 있다. 당신이 그리스도와 같이 다른 사람들을 위해 살고 있다는 사실을 기도를 통해 증거할 수 있다. 기도를 통해 당신은 천국에 들어가 사람들에게 베풀어줄 선물을 받을 수 있다. 당신이 그리스도 안에 거하면 그분이 당신 안에 거하게 된다는 사실을 기도를 통해 깨달을 수 있다. 기도를 통해 당신은 그의 은혜의 수단과 통로가 된다. 이처럼 다른 사람을 위해 열매를 맺는 것은 하나님께 응답받는 기도의 능력에 의해 성취되어 왔다.

"내가 참포도나무요 내 아버지는 농부라." 당신에 대한 그리스도의 사역은 그 분의 말씀을 당신 안에서 이루기 위해 당신을 아버지께로 인도하는 것이다. "그 날에 너희가 내 이름으로 구할 것이요 내가 너희를 위하여 아버지께 구하겠다 하는 말이 아니니.... 아버지께서 친히 너희를 사랑하심이니라." 다른 사람을 위해 아버지께 직접 나아가는 능력, 믿음 안에서 그들을 위해 축복을 간구하고 받아내는 중재의 자유는 그야말로 그리스도와의 연합의 최고 경지이다. 참되고 온전한 가지가 되고자 하는 모든 사람들은 자신을 위한 기도를 넘어, 이웃을 위한 도고 기도에 자신을 드려야 한다. 이것이야말로 하늘의 포도나무이신 그리스도의 위대한 사역 가운데 하나이다. 그리고 그 분의 역사를 체험하는 능력의 원천이 되는 것이다. 이 도고의 사명을 가지인 당신의 가장 중요한 일 가운데 하나로 인식하라. 그리하면 그것이 당신의 모든 사역에서 큰 능력이 될 것이다.

"내 이름으로"라고 말씀하신 주님.
참포도나무이신 주님께서 친히 주신
당신의 이름으로 기도하겠습니다.
가지로서 주님 안에 거하며
온전한 헌신으로 늘 풍성한 열매를 맺게 하옵소서.
당신을 온전히 의지함으로 당신과 완벽한 조화를 이루어
풍성한 열매를 맺게 하여 주옵소서.
주님 안에서 주님께로 나아가기 원합니다.
주님께서 제가 구하는 모든 것을 주실 줄을 믿습니다.
끊임없이 응답받는 도고의 삶을 살게 하여 주옵소서!
예수님 이름으로 기도합니다. 아멘.

R. A. 토레이 지음/ 류근상 옮김/ 신국변형판/ 168면/ 6,000원/

R. A. 토레이의 이 "기도에 관한 작은 책"은 솔직하면서도 매력적이다. 토레이는 영적인 기도, 그리스도 안에 거하는 것, 기도의 장애물들, 기도하기에 가장 좋은 시간, 기도를 통한 부흥의 추구 등과 같은 '인생을 변화시키는 기도'의 핵심요소들을 간결하게 잘 다루고 있다.

앤드류 머레이 지음/ 류근상 옮김/ 신국변형판/ 144면/ 5,000원/

본서는 미국 무디출판사에 "Moody Classics" 시리즈로 현대인에 맞게 최근에 출판된 책이다. 앤드류 머레이는 이토록 평이한 설교와 글로 당대의 젊은이들과 소외된 자들에게 다가갈 수 있었다. 그리고 주님 안에 온전히 거했던 그의 삶처럼, 이 시대에도 그리스도의 말씀들은 뚜렷하게 다가온다.